Eichendorff | Das Marmorbild

Lektüreschlüssel XL

für Schülerinnen und Schüler

Joseph von Eichendorff

Das Marmorbild

Von Wolfgang Pütz

Reclam

Dieser Lektüreschlüssel bezieht sich auf folgende Textausgabe:
Joseph von Eichendorff: *Das Marmorbild. Novelle.* Hrsg. von Lore Salomon. Stuttgart: Reclam, 2014. (Reclam XL. Text und Kontext, Nr. 19159.)
Diese Ausgabe des Werktextes ist seiten- und zeilengleich mit der in Reclams Universal-Bibliothek Nr. 18539.

E-Book-Ausgaben finden Sie auf unserer Website unter www.reclam.de/e-book

Lektüreschlüssel XL | Nr. 15507
2019 Philipp Reclam jun. Verlag GmbH,
Siemensstraße 32, 71254 Ditzingen
Druck und Bindung: Kösel GmbH & Co. KG,
Am Buchweg 1, 87452 Altusried-Krugzell
Printed in Germany 2019

ISBN 978-3-15-015507-3

Auch als E-Book erhältlich

www.reclam.de

Inhalt

1. Schnelleinstieg

Autor	Joseph von Eichendorff (1788–1857), prominenter Dichter und Schriftsteller, stammt aus einem katholischen Adelshaus in Schlesien. Trotz seiner familiär-bürgerlichen und beruflich konventionellen Stellung als hoher preußischer Beamter führt er ein wechselvolles, kosmopolitisches Leben, in dessen Verlauf er auch mit zahlreichen herausragenden Vertretern der Romantik in Kontakt steht.
Veröffentlichung	erstmals 1818 in Friedrich de la Motte Fouqués *Frauentaschenbuch für das Jahr 1819*
Gattung	Novelle bzw. Märchennovelle
Epoche	Spätromantik (in Deutschland ca. 1815–1848)
Ort und Zeit der Handlung	• Die Ereignisse konzentrieren sich auf Lucca, eine historisch bedeutende toskanische Kleinstadt im heutigen Italien. • Die Darstellung der Handlung und ihrer Akteure lässt auf eine historische Zuordnung zum späteren Mittelalter schließen.
Thema und Kurzinhalt	• Thema: Versuchung und Errettung eines jungen Mannes • Florio reist nach Lucca, wo er den Sänger Fortunato und Bianka sowie den unheimlichen Ritter Donati trifft. • Im weiteren Verlauf der Handlung begegnet Florio mehreren Frauen, die scheinbar miteinander in Beziehung stehen: der erotischen marmornen Venusfigur; einer die Laute spielenden schönen Dame im Schlosspark; auf einem Kostümfest dann der Doppelfigur der »Griechin«, die einerseits als maskierte Sängerin auftritt, andererseits aber auch mit Bianka identisch ist. • Florio gelangt in das Schloss der geheimnisvollen Dame, deren verführerischem Zauber er nur knapp entkommt, nachdem er ein altes frommes Lied gehört hat. • Florio reist aus Lucca ab, trifft unterwegs Fortunato sowie Biankas Onkel Pietro und einen unbekannten Jüngling, der sich als Bianka entpuppt. Die schon zu Beginn angelegte Beziehung zwischen Florio und Bianka nimmt einen glücklichen Ausgang.

Abb. 1: Venus Italica (1822/23). Marmorskulptur aus der Werkstatt Antonio Canovas (1757–1822). Metropolitan Museum of Art, New York (Nachlass Lillian Rojtman Berkman, 2001)

Joseph von Eichendorffs Novelle *Das Marmorbild* aus dem Jahre 1819 erzählt von den Irrungen und Wirrungen eines jungen Mannes auf dem Weg zur Erkenntnis der wahren Liebe, die über die sexuelle und erotische Stufe hinaus die seelische und geistige Verbundenheit mit der anderen Person beinhaltet. Damit nimmt der Autor »den Sexualitätsdiskurs romantischer Literatur wieder auf, den bereits Friedrich Schlegels Roman ›Lucinde‹ und Brentanos ›Godwi‹ thematisierten«.[1] Er verzichtet aber darauf, einem »christlichen Keuschheits- und Entsagungsprogramm« das Wort zu reden, und versucht stattdessen, mit seinem epischen Text »die komplexe Psychologie einer Figur in romantischer Bildersprache aufzuhellen«.[2] Dem entspricht die Interpretation von Ludwig Stockinger: Eichendorffs Novelle erzählt von einem entscheidenden Moment in der Ausbildung »der sexuellen und sozialen Identität eines jungen Mannes aus der Perspektive einer bestimmten moralischen Norm. Die Natur der Sinne – hier die sexuelle Begierde – soll so in die Ich-Identität integriert werden«, daß die Freiheit, und damit auch die Anerkennung »des sexuell begehrten Andern als einer freien Person, der man sich in Liebe zuwendet«, gewahrt bleibt. Dies, so Stockinger, entspreche der um 1800 entwickelten, zur Zeit der Veröf-

■ Adoleszenzkrise

■ Thema Persönlichkeitsreifung

1 Hermann Korte, *Joseph von Eichendorff*, Reinbek b. Hamburg 2000, S. 91.

2 Ebenda, S. 92.

fentlichung der Novelle schon weitgehend konventionalisierten Konzeption von Liebe.[3]

Pubertätsproblematik

Das literarische Porträt, das den jugendlichen Florio in der Auseinandersetzung mit der eigenen Triebnatur zeigt, ist relativ differenziert und steht damit in einem Gegensatz zur Einfachheit des Marmorstandbilds der antiken Liebesgöttin Venus. Die künstlerische Reduktion der Frau auf deren jungen Körper entspringt dabei einem ideologischen Bildprogramm, das sich unter anderem aus traditionellen männlichen Vorurteilen und Ressentiments sowie aus den sexualitätsfeindlichen Diskursen religiöser Fundamentalismen speist. Antikes Heidentum und sektiererische Morallehre verdichten sich in einer behaupteten Dämonie der Venus, die ihren nackten Körper einsetzt, um den Mann zum willenlosen Objekt ihrer Herrschaft zu machen.

Domestizierung der männlichen Sexualität

Die Frau – Hure und Heilige

Dem Bild der verführerischen Frau stellt die romantische Literatur – so auch *Das Marmorbild* – das Bild der Jungfrau Maria entgegen, dem Motiv von obszöner Entblößung und sündiger Lüsternheit dasjenige der keuschen Madonna und frommen Gottesmutter. Natürlich ließe sich – in einer einseitig textkritischen Absicht – Eichendorffs Novelle auf diese schlichte Schwarz-Weiß-Opposition der Geschlech-

3 Ludwig Stockinger, »Poetische Religion – religiöse Poetik: Friedrich von Hardenberg (Novalis) und Joseph von Eichendorff«, in: *Ästhetische und religiöse Erfahrungen der Jahrhundertwenden*, hrsg. von Wolfgang Braungart [u. a.], Bd. 1: *Um 1800*, Paderborn/München 1997, S. 170 f.

Abb. 2: Allegorie des Frühlings (um 1624/26).
Ölgemälde von Gerard van Honthorst (1592–1656)

ter und auf die heroische Rolle des Mannes reduzieren, der die Herrschaft des Sexus durch Selbstbesinnung, Erkenntniszuwachs und Glaubensfestigkeit überwindet. Da aber neben der antiken Liebesgöttin als Personifikation von verlockender Schönheit und zerstörerischer Sinnenlust eine Reihe weiterer Frauenfiguren die Handlung bestimmen, vertieft sich auch die Darstellung der Beziehung von Mann und Frau. Unter den »niederschwebenden Mädchenbilder[n]« auf dem Festplatz in Lucca ragt eines heraus,

■ Repräsentationen des Weiblichen

das mit dem »vollen, bunten Blumenkranz in den Haaren [...] wie ein fröhliches Bild des Frühlings anzuschauen« (S. 5) ist. Neben diese positive Figuration der blühenden und wachsenden Frühlingsnatur, die in der Ikonographie der europäischen Kunst häufig in der Gestalt einer jungen Frau mit Blütenkranz dargestellt wird, treten die Lautenspielerin, die Griechin und die Sängerin, die sämtlich namenlos und lediglich durch ihre Funktionen als Variationen des Weiblichen definiert sind. Zwischen allen diesen typisierten Figuren besteht eine häufig nur unterschwellig erkennbare Verbindung (vgl. Kap. 3 »Bianka«, S. 35 ff.), die sich bei unterschiedlichen Frauen etwa in analogen Formulierungen wie »Du kennst mich« (S. 27) und »Ihr habt mich öfter gesehen« (S. 33) manifestiert.

Frühling, Musik, Natur

2. Inhaltsangabe

Die Novelle *Das Marmorbild* erzählt zu Beginn von der zufälligen Begegnung des jungen Adligen Florio mit »dem berühmten Sänger« (S. 6) Fortunato inmitten einer idyllischen Mittelmeerlandschaft. Das nun folgende Gespräch zwischen den beiden Männern steht am Anfang einer verwickelten Liebesgeschichte, die erst glücklich enden wird, wenn Florio nach zahlreichen merkwürdigen und verstörenden Erlebnissen in dem Mädchen Bianka eine Gefährtin gefunden haben wird.

■ Eröffnungsszene/ Exposition

Vor der Kulisse einer sommerlichen Natur in der italienischen Toskana konzentriert sich das fiktive Geschehen auf die Stadt Lucca, die gleich im ersten Satz erwähnt wird. Ihre Blütezeit hatte diese vor allem durch ihre Textilindustrie reich und berühmt gewordene Stadt im 13. und 14. Jahrhundert.

■ Ort und Zeit der Handlung

Im Gegensatz zu der präzisen Lokalisierung der Erzählhandlung lässt sich der historische Zeitpunkt nur indirekt erschließen. Dass es sich um eine offenbar mittelalterliche Szenerie handelt, legen vereinzelte Informationen etwa zum sozialen Status von Figuren nahe, die als »Edelmann« (S. 3), »Spielmann« (S. 4) und »Ritter« (S. 5) bezeichnet werden. Auch die Angaben zur Kleidung der Akteure bestätigen diese Vermutung, wenn beispielsweise Fortunato in der Mode einer fernen Vergangenheit auftritt: Er trägt eine »bunte[] Tracht [...] und ein samtnes Barett mit Federn« (S. 3), wie sie seit dem Ende des 15. Jahrhunderts

■ Romantische Verklärung des Mittelalters

Abb. 3: Lucca, vom Turm des Palazzo Guinigi aus. – Myrabella / Wikimedia Commons / CC BY-SA 3.0

bei Frauen und Männern der Oberschicht Mode waren. Einen weiteren Hinweis gibt der Begriff des »Zelter[s]« (S. 3), der im Mittelalter ein leichtes Reitpferd oder Maultier bezeichnete.

Auf der Suche nach dem Glück

Florio erklärt auf Fortunatos Frage nach den Gründen für seine Reise, dass er der provinziellen Enge seiner ländlichen Heimat habe entfliehen wollen, um seiner Sehnsucht nach den »fernen blauen Berge[n]« (S. 4) zu folgen. Wie eine unmittelbare Erfüllung des erklärten Traums von Freiheit, Freude und Genuss wirkt der illustre Festplatz, an dem die beiden Männer bald darauf ankommen. Auf einem »grünen Platz« finden sie »ein fröhlich-schallendes Reich von Musik, bunten Zelten, Reitern und Spazierengehenden in den letzten Abendgluten« (S. 4) der anbrechenden Sommernacht.

Ausführlich erzählt die Novelle von den Beobachtungen, Entdeckungen und Begegnungen, die Florio während dieser langen Nacht inmitten einer Gesellschaft junger und schöner Menschen macht, die den Liedern Fortunatos lauschen und auch selber singen, während sie an üppigen Tafeln speisen, trinken und sich unterhalten.

Aus der Menge der anwesenden Personen ragen neben dem begehrten Musiker und Publikumsliebling Fortunato zwei weitere Figuren von jeweils völlig unterschiedlicher Erscheinung heraus. Zum einen ist dies eine »schöne« (S. 5) und »niedliche[] Ballspielerin« (S. 6) mit einem »vollen, bunten Blumenkranz in den Haaren« (S. 5), die Florio schon bald auf die »roten heißen Lippen« (S. 7) küsst, ohne ihren Namen zu kennen; zum anderen handelt es sich um den Ritter Donati, der aufgrund seines düsteren Erscheinungsbildes bei Florio einen abschreckenden Eindruck hinterlässt, obwohl die »dunk[le] Gestalt« (S. 11) ihm, Florio, zu dessen Erstaunen erklärt, ihn bereits aus »früheren Tagen« (S. 11) zu kennen.

■ Bianka und Donati

Als die Teilnehmer der Veranstaltung in der Nacht den Heimweg antreten, verabschiedet Florio sich zunächst von dem »schöne[n] Fräulein mit dem Blumenkranze« (S. 12), bevor er zusammen mit Fortunato und Donati zu »der nahen Stadt« (S. 12) reitet. Hat sich der Letztgenannte schon während des Festes als undurchschaubar erwiesen, so verstört er nun seine

■ Donati: fremd und undurchschaubar

Begleiter durch ein vorübergehend unbeherrschtes und vulgäres Verhalten, bevor er sich alleine zu einem Landhaus begibt, das er vor den Toren der Stadt bewohnt.

Wirklichkeit und Traumwelt

Florio hingegen begibt sich gemeinsam mit Fortunato zu der »Herberge« (S. 13), wo er infolge der vielfältigen und lebhaften Eindrücke, die er von der Festgesellschaft mit in sein Zimmer genommen hat, kaum zur Ruhe kommt. In einem Alptraum erlebt er sich auf einem Segelschiff, das zum Gesang von Sirenen, die alle wie das schöne, blumenbekränzte Mädchen aussehen, in den Tiefen eines friedlichen »mondbeglänzten Meer[es]« (S. 14) versinkt, so dass er »erschrocken« (S. 14) aus dem Schlaf fährt. Die Unwirklichkeit der Bilder und Töne, die er im Traum gesehen und gehört hat, scheint sich auch nach dem Erwachen fortzusetzen, und als er nun mitten in der Nacht seine Unterkunft verlässt, findet er sich in einer Landschaft wieder, die ihn wegen ihrer stillromantischen Stimmung zunächst noch zu einem Lied der Freude veranlasst. Als er jedoch am Ufer eines Teichs »unerwartet« (S. 15) auf ein Marmorbild der Göttin Venus stößt, verfällt er beim ersten Anblick der schönen Frauenfigur in einen

Alptraum und Wahnwelt

zwiespältigen Zustand aus »Blendung, Wehmut und Entzücken« (S. 16). Indem er aber den Eindruck gewinnt, dass das Venusbild »ihn fast schreckhaft mit […] steinernen Augenhöhlen« (S. 16) ansieht, verfinstert sich Florios Gemüt so sehr, dass er die Flucht ergreift und erst wieder zur Ruhe kommt, als er in seine Herberge zurückgekehrt ist.

Am nächsten Morgen reagiert er verärgert, als Fortunato, der offenbar von seiner nächtlichen Abwesenheit Kenntnis erhalten hat, spöttische Bemerkungen über seine Liebesgefühle macht. Als dem Sänger allerdings bewusst wird, dass Florio »recht ordentlich verliebt« (S. 18) sein muss, rät er ihm, zur Ablenkung einen Ausritt »in Gottes freien Morgen« (S. 18) zu machen.

Dieser jedoch will stattdessen erneut den Ort aufsuchen, an dem er das Marmorbild der römischen Liebesgöttin erblickt hatte. Dabei verirrt er sich und gerät schließlich durch ein unverschlossenes Gittertor in einen menschenleeren Lustgarten mit »goldene[n] Vögel[n]«, »seltsame[n] Blumen« und »[u]nzählige[n] Springbrunnen« (S. 20). Während er bis zu dem »prächtigen Palast mit hohen schlanken Säulen« (S. 20) vordringt, den er »[z]wischen den Bäumen« (S. 20) wahrgenommen hat, vernimmt er die Lautenmusik einer »Dame von wundersamer Schönheit« (S. 20), die in Florios Augen »unverkennbar die Züge, die Gestalt des schönen Venusbildes« (S. 21) aufweist. Es ist eine Traumgestalt ohne feste Konturen, die schließlich aus Florios Blickfeld verschwindet. Auf der Suche nach ihr entdeckt er »den Ritter Donati« (S. 22), der schlafend im Gras liegt und Florio »fast wie ein Toter« (S. 22) erscheint. Nach dem Erwachen erklärt ihm Donati, mit der Lautenspielerin verwandt zu sein. Diese, so sagt er, sei »reich und gewaltig« (S. 22) und halte sich »zuweilen« (S. 20) in Lucca auf, wo Florio sie am nächsten Tag treffen könne.

■ Paradiesgarten

■ Leitmotiv Schlaf

In der Gewalt einer fixen Idee

Von diesem Augenblick an ist Florio ganz erfüllt von der Vorstellung, in Kürze persönlich der ihm noch unbekannten Musikerin zu begegnen, von der er annimmt, dass sie mit der steinernen Venusfigur am Weiher identisch ist. Nachdem er den Tag mit Ausflügen in die Umgebung der Stadt verbracht hat, kehrt er bei Einbruch der Nacht nach Lucca zurück, wo er im Fenster eines vom Mond erleuchteten Hauses zwei Frauen wahrnimmt. Ebenso deutlich, wie er aus deren Gespräch seinen Namen herauszuhören glaubt, meint er, in einer der beiden weiblichen Stimmen diejenige der Lautensängerin wiederzuerkennen.

Ganz im Kontrast zu seiner frohen Erwartung eines neuen und vollkommenen Liebesglücks steht die Begegnung mit der finsteren Gestalt des Ritters Donati, der ihn am nächsten Tag ganz unerwartet zur Jagd einlädt. Da Florio von dem Besucher eigentlich nähere Auskunft über die baldige Ankunft der unbekannten Frau erhofft hat, zeigt er sich nun sehr enttäuscht und auch überrascht darüber, dass Donati trotz des Gebots der Sonntagsruhe mit ihm auf die Jagd gehen will. Doch dieser beabsichtigte Frevel ist nicht das einzige Indiz dafür, dass der Ritter offenbar

Donati: Figuration des Satans

ungläubig und sogar mit dem Bösen im Bunde ist: Als Florio die Einladung ablehnt, verhöhnt er ihn als frommen Kirchgänger. Auf das Läuten der Kirchturmglocken reagiert er so verstört, dass er fluchtartig das Zimmer verlässt.

Mit Donatis Verschwinden tritt Fortunato ein, der Florio eine Einladung für den Abend des folgenden

Tages in ein Landhaus überbringt und damit dessen Hoffnung nährt, dass dort auch die Lautensängerin anzutreffen sei.

Während er an diesem und am nächsten Tag die Stadt und deren Umgebung durchstreift, sucht er auch das Haus auf, wo er zuvor die beiden jungen Frauen gesehen und gehört hatte, doch diesmal sind Tür und Fenster verschlossen. Ebenso vergeblich bleibt sein Versuch, die Lautensängerin in dem Garten des Palastes zu finden, in dem er zwei Tage zuvor deren Musik vernommen hatte. Als er sich aber abends in der Villa einfindet, in die er von Fortunato eingeladen worden war, überreicht ihm inmitten der Festgesellschaft ein Mädchen in griechischem Gewand, das Gesicht durch eine Maske verborgen, eine Rose und verschwindet wieder in der Menschenmenge. Gleichwohl gelingt es Florio, sie später wiederzufinden und mit ihr zu tanzen, bis sich das Bild der schönen Partnerin zu verdoppeln scheint, denn er glaubt auf einmal, sie in einer anderen Frauengestalt wiederzuerkennen, die »am anderen Ende des Saales« (S. 28) zu sehen ist. Auch diese trägt das antike Gewand einer Griechin.

■ Vexierbilder des Weiblichen

■ Ein »seltsame[s] Doppelbild«

Während er – nun wieder alleine – durch den Garten des Landhauses streift, vernimmt er auf einmal ein Lied, das von einem Brunnen aus erklingt. Als er die Sängerin entdeckt, meint er, in ihr die junge Frau wahrzunehmen, mit der soeben noch getanzt hatte. Eine nähere Überprüfung seiner Vermutung ist allerdings nicht möglich, weil die unbekannte Person die

Flucht ergreift. Erst im weiteren Verlauf der Nacht wird er wieder die »schöne Griechin« (S. 29) erblicken und sie nach ihrem Namen fragen. Anstatt ihre Identität preiszugeben, weicht die Fremde einer klaren Antwort aus, indem sie Andeutungen macht, dass eine entsprechende Auskunft nur negative Folgen haben würde. Nichtsdestotrotz lädt sie Florio ein, sie in ihrem Haus zu besuchen und sich von Donati den Weg dorthin weisen zu lassen. Indem sie dabei den Schleier von ihrem Gesicht zieht, erkennt Florio in ihr »die wunderbare Schöne, deren Gesang er in jenem mittagschwülen Garten belauscht« (S. 31) hat; zugleich aber erinnert ihn das »bleich und regungslos« (S. 31) wirkende Gesicht an das Marmorbild, das ihn zuvor am nächtlichen Weiher mit »Grausen« (S. 16) erfüllt hatte. Auch diesmal mischt sich in Florios »Staunen [und] Freude« ein »heimliche[s] Grauen« (S. 31), während die fremde Frau in der Nacht verschwindet.

■ Rollenvervielfältigung der Frau

Unter der Führung Fortunatos, den er bald darauf im Garten antrifft, gelangt er auf das Dach der Villa, wo er unter den mittlerweile nur noch wenigen Gästen die junge Griechin erblickt, die beim Anblick der Rose an seiner Brust errötet. Er erfährt, dass sie Bianka heißt und die Nichte des Hausherrn Pietro ist, mit dem Florio einige Zeit zuvor schon ein kurzes Gespräch geführt hatte. Unvermittelt beschreibt sie die nächtlichen Wolken über ihnen mit dem gespenstischen Bild einer bedrohlichen Welt, innerhalb derer ein weißes Haus zu erkennen sei, das in ihren Augen wie ein Marmorbild aussieht.

■ Beschwörung des Bösen

Auf dieses Schlüsselwort hin verabschiedet Florio sich eilig, um in seine städtische Unterkunft zurückzukehren. Es ist ihm nicht bewusst, dass er Bianka, die ihn nach den Worten des Erzählers liebt, durch sein rücksichtsloses Verhalten in tiefe Verzweiflung gestürzt hat. Stattdessen richtet sich sein ganzes Denken, Fühlen und Sehnen auf die marmorne Venusfigur seiner Erinnerung. Mehrere Tage später kündigt ihm der Ritter Donati tatsächlich die Ankunft der Dame an und teilt ihm mit, dass man sie noch am selben Tag gemeinsam in ihrem Palast besuchen wolle.

■ Unglückliche Liebe

Dort ist er ganz fasziniert von der gleichsam paradiesischen Szenerie, in deren Zentrum ihn die schöne Dame durch ihre vollkommene Schönheit und Sinnlichkeit verzaubert. Im Verlauf der einbrechenden Nacht führt sie ihn »in das Innere ihres Schlosses« (S. 37), wo er bald mit ihr allein ist. Doch in dem Augenblick, in dem er gerade der Verführung durch die Frau endgültig zu erliegen droht, vernimmt er im Garten und offenkundig aus dem Mund des Sängers Fortunato »ein altes frommes Lied« (S. 38), das er noch aus seiner Kindheit kennt. Es ist der Auftakt für eine Reihe von Erinnerungsbildern an zuhause, wo er schon als Junge das, was er nun als junger Mann erlebt, in den Abbildungen, die in seinem familiären Umfeld vorhanden waren, geschaut hatte. Während er sich auf die damit verbundenen Jugendträume von Frauen, Rittern, Gärten und Städten zurückbesinnt, entfremdet er sich von seiner gegenwärtigen Situation, so dass ihn nun die betörenden Worte der schö-

■ Im Zentrum des Liebesschlosses

■ Von der Verzückung zur Ernüchterung

nen Frau so sehr ängstigen, dass er in einem spontanen Gebet Gott anfleht, ihn »in der Welt« »nicht verloren gehen« (S. 40) zu lassen.

Desillusion

Von diesem Punkt an verkehren sich die vormaligen erotischen Verheißungen des Schlosses und seiner Herrin in eine monströse Welt, in der Florio sich alptraumhaften, mit Todesgefahren verbundenen Szenen ausgesetzt sieht. Voller Entsetzen flieht er vor die Tore der Stadt und in »eine prächtig klare Sommernacht« (S. 41) zurück. In einem letzten, ihn zutiefst verstörenden Erlebnis entdeckt er, dass Donati und dessen Landhaus von dem Ort verschwunden sind, an dem sie vordem noch zu finden waren. So kann er den Ritter nicht mehr zu seinen zugleich lustvollen und gespenstischen Erlebnissen während der vorausgegangenen Nacht befragen. Indem nun die »unbeschreibliche Schönheit der Dame« (S. 42) in eine unerreichbare Ferne rückt, versinkt Florio vorübergehend in einen Zustand unerfüllter Sehnsucht und Traurigkeit.

Melancholie – Schwebezustand der Gefühle

Am Morgen nach diesen Ereignissen verlässt er Lucca zunächst alleine, doch fordern ihn schon bald drei weitere Reiter auf, sich ihnen zu einer Italienreise anzuschließen. Es sind dies der Sänger Fortunato sowie Biankas Onkel Pietro und ein Jugendlicher. Auf ihrem gemeinsamen Weg wird Florio auf eine Schlossruine hingewiesen. Ein Weiher und ein zertrümmertes Marmorbild daneben lassen ihn diesen Ort als Schauplatz seiner vergangenen Erlebnisse wiedererkennen.

Das Lied, das Fortunato daraufhin anstimmt, handelt von der Verwandlung der antiken Liebesgöttin in die christliche Figur der Muttergottes mit ihrem Kinde. In einem Kommentar zu diesem Lied erzählt Fortunato vom schrecklichen Schicksal derjenigen jungen Menschen, die immer wieder den teuflischen Versuchungen im Bezirk des Venustempels erliegen.

Göttin der Lust – Gottesmutter

Kurz darauf erkennt Florio in dem ihm bislang unbekannten »Knaben« (S. 43), der die Gruppe begleitet, die junge Bianka, von der er nun erfährt, dass sie in eine tiefe Schwermut gefallen sei, nachdem er, Florio, ihre Liebe zu ihm unerwidert gelassen hatte. Jetzt aber entbrennt er seinerseits in Liebe für sie und bezeichnet sie als seine Retterin: »›Ich bin wie neu geboren, es ist mir, als würde noch alles gut werden, seit ich Euch wiedergefunden. Ich möchte niemals wieder scheiden, wenn Ihr es vergönnt.‹« (S. 49) Vereint reisen sie »in das blühende Mailand«.

Happy End

3. Figuren

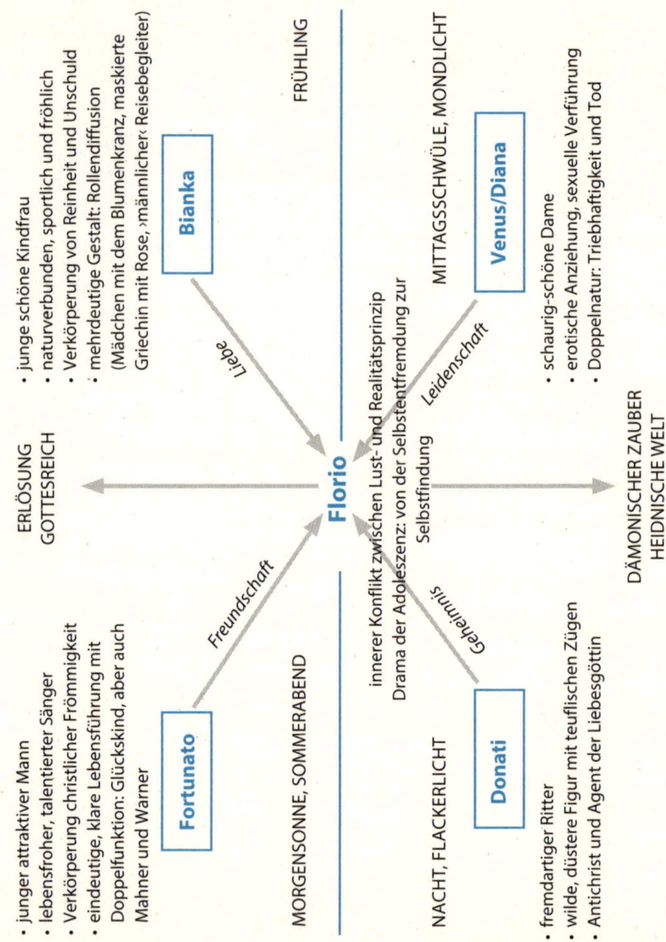

Fortunato
• junger attraktiver Mann
• lebensfroher, talentierter Sänger
• Verkörperung christlicher Frömmigkeit
• eindeutige, klare Lebensführung mit Doppelfunktion: Glückskind, aber auch Mahner und Warner
Freundschaft
ERLÖSUNG
GOTTESREICH
Bianka
• junge schöne Kindfrau
• naturverbunden, sportlich und fröhlich
• Verkörperung von Reinheit und Unschuld
• mehrdeutige Gestalt: Rollendiffusion (Mädchen mit dem Blumenkranz, maskierte Griechin mit Rose, ›männlicher‹ Reisebegleiter)
Liebe
MORGENSONNE, SOMMERABEND
FRÜHLING
Florio
innerer Konflikt zwischen Lust- und Realitätsprinzip
Drama der Adoleszenz: von der Selbstentfremdung zur Selbstfindung
NACHT, FLACKERLICHT
MITTAGSSCHWÜLE, MONDLICHT
Geheimnis
Leidenschaft
Donati
• fremdartiger Ritter
• wilde, düstere Figur mit teuflischen Zügen
• Antichrist und Agent der Liebesgöttin
Venus/Diana
• schaurig-schöne Dame
• erotische Anziehung, sexuelle Verführung
• Doppelnatur: Triebhaftigkeit und Tod
DÄMONISCHER ZAUBER
HEIDNISCHE WELT

Florio

Die männlichen Akteure

Das Marmorbild handelt von einem jungen und im Leben unerfahrenen Mann namens Florio, der zwischen dem sehnsüchtigen Begehren nach der makellosen und keuschen Kindfrau Bianka als einer Vertreterin christlicher Tugendhaftigkeit und dem verführerischen Venusbild als einem Ausdruck heidnisch-antiker Erotik hin- und hergerissen ist. Die Marmorstatue der Liebesgöttin wird für Florio zum Fixpunkt seiner Gedanken, Gefühle und Fantasien.

Hauptperson Florio

Über den Hinweis hinaus, dass er »ein junger Edelmann« (S. 3) und kurz vor der Ankunft in Lucca ist, erhält der Leser kaum weitere biographische Informationen über den »schönen Jüngling[ ]« (S. 3), der im Zentrum der Novelle steht. Obwohl er einen hohen sozialen Stand einnimmt, bleibt Florios Familienname ebenso unbekannt wie die näheren Umstände, unter denen er »[a]uf dem Lande in der Stille« (S. 4) aufgewachsen ist, bevor er schließlich in die Ferne aufbrach. Das Geheimnis seiner Abstammung und seiner Herkunft erschließt sich auch nicht aus den Angaben des fremden Ritters Donati, der behauptet, in Florio »einen früheren Bekannten« (S. 11) wiederzuerkennen. Wenn Donati auch »über mancherlei Begebenheiten aus Florios früheren Tagen« (S. 11) zu berichten weiß, so verzichtet der Erzähler doch darauf, diese zu konkretisieren.

Wenige biographische Informationen

Erst im Moment ihres dramatischen Höhepunkts enthüllt die Erzählung Details aus dem Leben des

Abb. 4: Schenk Konrad von Limpurg bekommt von einer Dame einen Helm überreicht. Illustration aus der Manessischen Liederhandschrift, 14. Jahrhundert (Universitätsbibliothek Heidelberg)

Protagonisten, als dieser sich an mittelalterliche Minnebilder sowie an Bilder höfisch-galanter Szenen erinnert, die ihn »zu Hause in früher Kindheit« (S. 38) faszinierten, wenn er sie »an schwülen Nachmittagen in dem einsamen Lusthause unseres Gartens« (S. 39) betrachtete. Im Rahmen seiner wenigen Reminiszenzen erwähnt Florio auch zum ersten und einzigen Mal seinen Vater. Dieser habe ihm oft »manch lustiges« und wohl auch amouröses »Abenteuer« erzählt, »das ihm auf seinen jugendlichen Heeresfahrten [...] begegnet« (S. 39) sei. Danach sei der Vater »gewöhnlich lange Zeit nachdenklich in dem stillen Garten auf und ab« (S. 39) gegangen.

Objekte kindlicher Prägung

Florios Vater

Im Gegensatz zu der zumindest anekdotischen Andeutung der Jugenderinnerungen seines Vaters findet die Mutter überhaupt keine Erwähnung. Diese erzählerische Leerstelle gibt Anlass zu Spekulationen über das Ausmaß ihrer Bedeutung in Florios jungem Leben, das ja im Hinblick auf sein Frauenbild im extremen Spannungsfeld zwischen grenzenlosem Begehren und panischer Todesangst steht.

Die Mutter

Der paradoxe Dualismus von Ekstase und Horror lässt sich beispielhaft an jener Mondnacht-Szene illustrieren, in der er erstmals das »marmorne[] Venusbild« (S. 15) entdeckt und »wie eingewurzelt im Schauen« stehenbleibt, denn

Ambivalentes Frauenbild

> »ihm kam jenes Bild wie eine lang gesuchte, nun plötzlich erkannte Geliebte vor, wie eine Wunderblume, aus der Frühlingsdämmerung und träumerischen Stille seiner frühesten Jugend heraufgewachsen. Je länger er hinsah, je mehr schien es ihm, als schlüge es die seelenvollen Augen langsam auf, als wollten sich die Lippen bewegen zum Gruße, als blühe Leben wie ein lieblicher Gesang erwärmend durch die schönen Glieder herauf. Er hielt die Augen lange geschlossen vor Blendung, Wehmut und Entzücken. –« (S. 16)

Reagiert Florio hier auf die Vision der Verlebendigung einer steinernen Frauenstatue mit einem rauschhaften Schwebezustand der eigenen Erstarrung, so endet die erotische Überwältigung durch die

Erstarrung und Flucht

nackte Schöne in einer eiligen Flucht, als »das Venusbild« auf einmal »fürchterlich weiß und regungslos« erscheint und ihn »fast schreckhaft mit den steinernen Augenhöhlen aus der grenzenlosen Stille« (S. 16) ansieht.

Florio als Antiheld

Seine eigentliche Bedeutung erwächst dem Helden hier also nicht aus der eigenen, im Dunkel bleibenden Vergangenheit, sondern aus der Gegenwärtigkeit seiner Abenteuer. Deren auffälligste Besonderheit ist zugleich, dass sie nicht in der aktiven ritterlichen Auseinandersetzung, sondern in der primär passiven Begegnung mit übermächtigen Kräften bestehen. Florio ist kein kriegerischer Kämpfer mehr, der sich noch in der Tradition des mittelalterlichen Ritters für die Verteidigung eines (vermeintlich) christlichen und sozialen Wertekatalogs einsetzt, sondern er ist ein ganz und gar unheroischer Mensch, welcher der eigenen Triebhaftigkeit ausgesetzt bleibt, bis er sie in einem äußersten Moment der drohenden Selbstvernichtung überwindet. Erst mit den flehentlichen Worten »›Herr Gott, lass mich nicht verloren gehen in der Welt!‹« (S. 40) gelingt es ihm, sich aus dem alptraumhaft-zerstörerischen Sog der Selbstpreisgabe an die Erotik des Schönen und Lustvollen zu befreien.

Auf dem Weg zum Erwachsensein

Wie in einem Entwicklungsroman durchläuft die Hauptfigur einen Prozess der Reifung vom naiven Romantiker und süchtigen Erotomanen zum bindungs- und beziehungsfähigen Realisten. Ist Florio zu Beginn ein junger und unerfahrener Mann, der

»unschuldig in die dämmernde Welt« (S. 3) hinaussieht und in Italien, dem »Land der Poesie«, die Erfüllung seiner sentimentalen Sehnsucht nach Ferne und Glück zu finden glaubt, so öffnen sich ihm erst am Ende die Augen, als er in dem »zierliche[n] Knabe[n]« (S. 48), der die Reisegruppe nach Mailand begleitet, »mit Erstaunen Fräulein Bianka« erkennt: »Mit Wohlgefallen ruhten Florios Blicke auf der lieblichen Gestalt. Eine seltsame Verblendung hatte bisher seine Augen wie mit einem Zaubernebel umfangen. Nun erstaunte er ordentlich, wie schön sie war!« (S. 48)

Erkenntnis

Der »Blöde[ ]« (S. 6), wie der Erzähler Florio anfänglich einmal nennt, nimmt die neue Welt, in die er aufgebrochen ist, wie ein Kind vor allem ›mit Erstaunen‹ wahr (S. 4 f., 11, 13), bevor er schließlich nach der ersten Begegnung mit dem Venusbild in einen Zustand der inneren und äußeren Destabilisierung gerät. Im rauschhaften Dreiklang von »Blendung, Wehmut und Entzücken« (S. 16) schwankt er von nun an zwischen »blühende[n] Träume[n]« (S. 21) und »Grausen« (S. 16). So erblickt er beispielsweise auf einmal in der ›Griechin‹ (S. 26 ff.) das Doppelgesicht von Liebe und Tod: »Es war die wunderbare Schöne, deren Gesang er in jenem mittagschwülen Garten belauscht. – Aber ihr Gesicht, das der Mond hell beschien, kam ihm bleich und regungslos vor, fast wie damals das Marmorbild am Weiher.« (S. 31)

Chaos der Gefühle

Erst nach einer längeren krisenhaften Phase der inneren Desorientierung und Blindheit gelangt er zum Bewusstsein der Realität, die er zuvor übersehen oder

Blindheit und Sehen

verkannt hat. Indem er mit einem Mal Bianka als Person ›erkennt‹, erkennt er auch ihre existenzielle Bedeutung für seine eigene Person (S. 48 f.).

Donati

■ »der Seltsame«, ein Einzelgänger

Ein Porträt dieses »hohe[n] schlanke[n] Ritter[s] in reichem Geschmeide« (S. 11) muss sehr lückenhaft bleiben, weil konkrete Angaben zu seiner Person weitgehend fehlen. Über die Selbstauskunft Donatis hinaus, dass er Eigentümer eines Landhauses sei (S. 13), beschränken sich die Informationen vor allem auf den asozialen Charakter dieses bedrohlich wirkenden Mannes. »In die […] Gesellschaft«, so erklärt der Erzähler, scheint Donati »nirgends hineinzupassen«, weil eine »ängstliche Störung, deren Grund sich niemand anzugeben wusste, […] überall sichtbar« (S. 11 f.) wurde. Gleichwohl erweist er sich zugleich auch als »ausnehmend beredt[er]« (S. 11) und »freundlicher« (S. 12) Ritter mit einer »feinen und besonnenen Anständigkeit« (S. 13), der »lächelnd und mit der gewohnten Zierlichkeit« (S. 13) die Konventionen der Höflichkeit respektiert.

■ Fassade höfischer Umgangsformen

Dass es sich bei dem Fremden trotzdem um eine Gestalt mit pathologischen Zügen handelt, legen schon die zahlreichen negativen Aussagen über sein äußeres Erscheinungsbild nahe, das sich vor allem auf das »blass[e] und wüst[e]« (S. 11) Gesicht konzentriert, das später auf einmal noch »viel bleicher und schauerlicher als vorher« (S. 12) ist. Mitunter sieht er »fast wie

■ Ein Mann mit krankhaften Zügen

ein Toter aus.« (S. 22) In einem dramatischen Moment fahren, wie es hier in der Bildsprache der Gefühle heißt, ein »funkelnder Zornesblitz [...], fast verzerrend, über das Gesicht des Reiters [Donati] und ein wilder, nur halbausgesprochener Fluch aus den zuckenden Lippen« (S. 12 f.). Die Aufmerksamkeit des Erzählers gilt ganz besonders Donatis Augen: »Sein Blick aus tiefen Augenhöhlen« wirkt in unterschiedlichen Situationen »irre flammend« (S. 11) oder »fremd, stier und wild« (S. 12). Wahnsinn, animalische Triebnatur und Chaos verdichten sich hier zum Gesamteindruck der Unmenschlichkeit einer literarischen Gestalt aus dem Figureninventar der Schauerromantik. Ihr spezifisches Attribut ist das Pferd, das sich im Handlungsverlauf mitunter wild aufbäumt (S. 12) oder »schnaubend den Boden« (S. 22) scharrt.

■ Physiognomie des Grauens

Neben den zitierten Manifestationen einer kaum mehr beherrschten Aggressivität gibt es solche einer unkontrollierten Angst, die den fremden Ritter mehrfach die Flucht ergreifen lässt, wenn er sich offenkundig bedroht fühlt (vgl. S. 13 und 25).

Der Leser erschließt aus mehr oder weniger eindeutigen Indizien, dass diese »dunkel[e] Gestalt« (S. 11) mit dem Teufel im Bunde stehen muss. Als »von den Türmen der Stadt« Lucca die Glocken erklingen und »wie ein Beten durch die klare Luft« vernehmbar sind, greift Donati »erschrocken [...] nach seinem Hut und [dringt] beinah ängstlich in Florio, ihn zu begleiten [...]. ›Fort, hinaus!‹ – rief endlich der Ritter halblaut und wie aus tiefster, geklemmter Brust

■ Ein Antichrist

herauf, drückte dem erstaunten Jüngling die Hand, und stürzte aus dem Hause fort.« (S. 25)

Im Gegensatz zu dieser panikartig-hastigen Flucht aus einem christlich geprägten Umfeld reagiert er kurz zuvor »mit einem ingrimmigen, abscheulichen Lachen« (S. 24) und mit höhnischen Worten der Verachtung, als er von Florio erfährt, dass dieser die Sonntagsmesse besuchen will.

Ein Dämon

Donati steht nicht nur allgemein mit dem Bösen, sondern besonders auch mit den Abgründen sexueller Lust in Beziehung, denn er sagt von sich, dass er mit der Herrin jenes Palasts verwandt sei (S. 22), in dessen Garten Florio eine verführerisch schöne Frau entdeckt hat (S. 20).

Ein Phantom

Zuletzt verschwindet Donati so, als ob er nie gelebt hätte. Bei dem Versuch, zu dessen »Villa« (S. 42) zu gelangen, findet Florio, der zuvor nur knapp der tödlichen Magie zauberhafter Schönheit entkommen ist, lediglich eine »niedere Hütte«, die »ganz von Weinlaub überrankt und von einem kleinen Gärtchen umschlossen« (S. 42) ist. Der dort tätige, völlig unbekannte Gärtner erklärt auf Florios Nachfrage, er kenne keinen Donati (S. 42). Die daraus entstehenden Zweifel an der Existenz Donatis legen die Vermutung nahe, dass es sich bei ihm um eine gespenstische Projek-

Personifikation von Schuld und Scham

tion der Schuldgefühle von Florio handelt, also um eine psychogene, d. h. seelisch bedingte, Verkörperung seiner tabuisierten Fantasien. Indem der unheimliche und geheimnisvolle Mann zu Florios großem Erstaunen nachweist, dass er ihn aus »früheren

Tagen« (S. 11) kennt, tritt die Triebnatur – in bildhafter Weise – aus dem Unbewussten des Helden hervor. Unter dem Anschein einer zivilisierten und moralisch integren Persönlichkeit verkörpert die Symbolfigur des Ritters Donati als Florios Schatten-Ich die negativen Affekte, die der Wunsch nach einer Befriedigung der libidinösen Bedürfnisse im Gefühlshaushalt des Ich erzeugt.

Fortunato

Wie die diabolische Gestalt des Donati taucht auch sein Gegenspieler, der lebensfrohe und christlich-fromme »Sänger Fortunato« (S. 5), innerhalb der Gesamthandlung in periodischen Abständen auf. Florio lernt ihn kurz vor seiner Ankunft in Lucca erstmals kennen und nimmt bald wahr, dass der fremde Reiter mit den »großen geistreichen Augen« (S. 3) ein »frisches keckes Wesen« und eine »fröhliche Stimme« (S. 3) sowie die Zuneigung von Rittern und Frauen besitzt, die sich für seine Lieder begeistern (S. 5). Der positive Charakter des Sängers spiegelt sich in dem Namen Fortunato, der im Lateinischen (*fortunatus*) sowohl ein ›Glückskind‹ als auch eine ›reiche Person‹ bezeichnet.

■ Kontrastfigur zu Donati

Sein unverbrüchliches Vertrauen in die Kräfte der Natur (»›Der Morgen‹, sagte Fortunato lustig, ›ist ein recht kerngesunder, wildschöner Gesell […]‹«, S. 17), seine Lebensfreude und sein Humor (»Fortunato fuhr lachend fort«, S. 17) sowie seine entwaffnende Offen-

■ Frohsinn und Optimismus

herzigkeit (»Fortunato sah den Jüngling verwundert an, dann rief er aus: ›Nun, wahrhaftig, Ihr seid recht ordentlich verliebt!‹«, S. 18) durchbrechen die Neigung von Menschen wie Florio, sich ganz in ihre Innenwelt zurückzuziehen.

Abgrenzung vom Gefühlskult der Romantik

Gegen die Übermacht der Gefühle setzt Fortunato eine Haltung der Leichtigkeit, wenn er zu Florio sagt:

> »›[E]s gibt gar zu viele sanfte, gute, besonders verliebte junge Leute, die ordentlich recht versessen sind aufs Unglücklichsein. Lasst das, die Melancholie, den Mondschein und alle den Plunder; und geht's auch manchmal wirklich schlimm, nur frisch heraus in Gottes freien Morgen und da draußen sich recht abgeschüttelt; im Gebet aus Herzensgrund [...]!‹« (S. 18)

Mahner und Warner

Ausgerechnet dieser freundliche und liebenswerte Mann, der auf seinem Pferd »selber so bunt und freudig anzuschauen [ist] wie der Morgen vor ihm« (S. 18), spricht Florio gegenüber schon bald eine bedrohliche Warnung aus. Auf dessen naiv-romantische Verklärung des Frühlings, der »wie ein zauberischer Spielmann [...] von der wunderschönen Ferne [...] und von großer unermesslicher Lust« (S. 4) gesungen habe, reagiert Fortunato ganz unvermittelt mit einer rätselhaften Frage und mit einem eindeutigen kurzen Befehl: »›Habt Ihr wohl jemals [...] von dem wunderbaren Spielmann gehört, der durch seine Töne die Jugend in einen Zauberberg hinein verlockt, aus dem keiner wieder zurückgekehrt ist? Hütet euch!‹« (S. 4)

In einem langen, zwanzig Strophen umfassenden Lied, dessen Text innerhalb der Novelle vollständig abgedruckt ist, nachdem er von Eichendorff zuvor bereits 1816 unter dem Titel *Trinklied* veröffentlicht worden war[4], besingt Fortunato die Erhabenheit eines jungen Mannes, der sich durch die Reize einer vordergründig himmlischen, tatsächlich aber höllischen Traumwelt beständiger Lustbefriedigung nicht dem ›falschen‹ Leben irdischer Freuden verleiten lässt, sondern sich für das überirdische Gottesreich entscheidet. (S. 8 ff.)

Bianka

■ Die Frauenfiguren

■ Bianka

Folgt man dem allgemeinen Verständnis des Begriffs der ›Person‹ als eines Menschen mit individuellen Eigenschaften und Eigenarten, so entspricht Bianka – wie auch die anderen Figuren der Handlung – diesem Verständnis in fast keiner Weise. Sie bleibt vom Anfang bis zum Ende der Geschichte zumeist eine bloß vage Mädchen- oder Frauenfigur mit weitgehend unbestimmten Persönlichkeitsmerkmalen. Gleichwohl wird sie für den jungen Helden Florio am Schluss sei-

■ Eigenschaftslosigkeit

4 Vgl. Karl Konrad Polheim, »Interpretation und Textgenese. Eichendorffs Gedichte ›Götterdämmerung‹, in: *Edition als Wissenschaft. Festschrift für Hans Zeller*, hrsg. von Gunter Martens und Winfried Woesler, Tübingen 1991. S. 124–141, hier S. 130.

ner Suche nach dem vollkommenen Glück zum Zielpunkt seines Liebesverlangens. Hatte er Bianka während seines Aufenthaltes in Lucca nur als bemerkenswerte, aber keinesfalls als einzigartige Gestalt wahrgenommen, so erkennt er schließlich in ihr diejenige, die ihn aus seiner existenziellen Krise errettet hat und mit der er daher gemeinsam sein weiteres Leben verbringen will. In seiner Liebeserklärung an Bianka betont er die zentrale Funktion, die sie für seine ›Neugeburt‹ nach schwerer persönlicher Not besitzt (S. 49).

Biankas Seelenreinheit – vgl. Prüfungsaufgabe 1, S. 94

Dass Bianka am Ende zu Florios Erlöserin werden könnte, zeichnet sich im Handlungsverlauf dort ab, wo ihre unglückliche Liebe zu ihm manifest wird. Bei einer Wiederbegegnung mit Florio auf dem Fest ihres Onkels Pietro deutet sie ihm gegenüber in geheimnisvollen Worten an, dass er sie »diesen Abend« schon »öfter gesehen« habe, während er hingegen glaubt, sie zuvor noch »nicht gesehen zu haben« (S. 33). Sie verrät die tiefen Gefühle, die sie ihm gegenüber hegt, in Mimik und Gestik. Nach den wenigen Worten, mit denen sie ganz unvermittelt vor den Gefahren der Nacht warnt (S. 33), verstummt sie jedoch vollends, nachdem Florio sich von ihr entfernt hat, um ›die Frau seiner Träume‹ zu suchen. Indem der Erzähler sie daraufhin in tiefer Verzweiflung zeigt, vergegenwärtigt er die Authentizität ihrer Gefühle und die Unbescholtenheit ihres Charakters. In einem Rückblick am Ende der Novelle schildert er noch einmal abschließend, wie die »Arme [...] mitten in ihren sorglosen Kinderspielen von der Gewalt der ersten Liebe überrascht worden« war: »Und als dann der heißgeliebte Florio, den dunkeln Mächten folgend, so fremde wurde und sich immer weiter von ihr entfernte, bis sie ihn endlich ganz verloren geben musste, da versank sie in eine tiefe Schwermut […].« (S. 48)

Dem Leser bleibt der familiäre und soziale Hintergrund dieser Kindfrau insofern verschlossen, als Hinweise etwa zu ihrem Elternhaus vollkommen fehlen. Einziges Indiz zur Bestimmung ihrer Herkunft ist ihr Onkel Pietro, der nicht nur als »ein feiner fröhlicher Mann von mittleren Jahren« (S. 26), sondern auch als Eigentümer eines luxuriösen Landgutes vorgestellt wird (S. 26). Ihre Verwandtschaft mit diesem Hausherrn einer »zierliche[n] Villa mit schlanken Säulen« (S. 26) und eines Anwesens mit Orangen- und Blumengärten weist die mögliche Zugehörigkeit des Mädchens zur oberen Gesellschaftsschicht aus.

■ Ein Kind aus reichem Hause?

Dass ihr Name Bianka und derjenige ihres Onkels Pietro lautet, erfährt der Leser erst zu einem fortgeschrittenen Zeitpunkt der Handlung (S. 33). Der Vorname verweist in seiner Bedeutung von ›weiß‹, ›glänzend‹, ›rein‹ und ›schön‹ unmittelbar auf die charakterlichen Qualitäten der Namensträgerin.

■ Der Name Bianka

Als Florio sie nach seiner Ankunft in Lucca zum ersten Mal erblickt, erscheint sie ihm gleichwohl aber nicht in der Figur einer mondänen jungen Frau, sondern in der Gestalt eines romantischen Naturkindes, das mit seinem »vollen, bunten Blumenkranz in den Haaren […] wie ein fröhliches Bild des Frühlings an-

■ Das Mädchen mit dem Blumenkranz

zuschauen« (S. 5) ist. Der Erzähler hebt im Hinblick auf ihr Äußeres außerdem »ihre zierliche, fast noch kindliche Gestalt« (S. 5) und »die Anmut aller ihrer Bewegungen« (S. 5) ebenso hervor wie »ihre[] anmutigen Glieder[]« (S. 5) und ihre »schönen großen Augen« (S. 5). Dieser körperlichen Schönheit entspricht eine innere, die sich in Attributen wie ›fröhlich‹, ›frisch‹ und ›freudig‹ (S. 5) und damit in Begriffen einer positiven und optimistischen Lebenseinstellung äußert.

■ Äußere und innere Schönheit

Wenig später jedoch erfährt die ursprünglich idealisierende Darstellung der namenlosen »schöne[n] Ballspielerin« (S. 5) eine zunächst nur subtile, sodann aber eindeutige Abwertung, indem sie nun begrifflich auf das Niveau einer »niedlichen Ballspielerin« (S. 6) abgestuft wird, die »still und schüchtern« (S. 6) dasitzt, während sie den von ihr begehrten Florio mit »tiefen dunkelglühenden Blicke[n]« (S. 6) gleichsam verzehrt, sich von ihm »willig« (S. 7) küssen lässt und danach »hochrot in den Schoß« (S. 7) hinabschaut. Die Reduktion auf bloßes Begehren sowie auf Sprachlosigkeit und Passivität banalisieren den erotischen Zauber, der ausschließlich ihrer Körperlichkeit entspringt. Ihr häufig gesenktes »Köpfchen« (S. 7) und ihr »unbeschreiblich reizend[es]« (S. 7) Aussehen sind die klischeehaften Attribute einer weiblichen Gestalt, deren weitgehend substanzloses Wesen auf eine diffuse »schimmernde Erscheinung« (S. 12) und auf die metonymische Figur des »schöne[n] Fräulein[s] mit dem Blumenkranze« (S. 12) beschränkt bleibt.

■ Infantilität und Unterwürfigkeit

■ Metonymische Figur: »das schöne Fräulein« = Bianka

Dass diese »reizende Kleine mit dem Blumenkranze« (S. 15) aber nicht die ist, die sie zu sein scheint, enthüllt sich dem Leser im Bild von deren imaginärer Verwandlung »in ein viel schöneres, größeres und herrliches, wie er [d. i. Florio] es noch nirgend gesehen« (S. 15) hat. Zu einem späteren Zeitpunkt wird der junge Mann beim nächtlichen Gang durch Lucca in einem Fenster »zwei weibliche Gestalten« (S. 23) bemerken, von denen die eine, indem sie ihm »zwischen den Blumen« (S. 24) nachblickt, zumindest indirekt mit dem anonymen Blumenmädchen in Verbindung zu stehen scheint.

■ Mehrdeutigkeit der Frauengestalt

Danach vervielfacht sich das Motiv der Figurendiffusion durch einen wiederholten Gestaltwandel des »Mädchen[s] mit dem Blumenkranze« (S. 14), das Florio alsbald auf dem Fest im Kostüm einer maskierten Griechin aus der Zeit der Antike entgegentritt und ihm eine Rose überreicht. Einzelne Signale wie beispielsweise der Hinweis auf ihr »gesenkte[s] Köpfchen« (S. 27) legen die Annahme nahe, dass es sich bei der »reizenden Gauklerin« (S. 27), die sich einerseits »in einem lebhaften Gespräch« (S. 27) befinden und andererseits ganz still und scheu sein kann, eben um jene »niedliche[] Ballspielerin« (S. 6) handelt, die Florio gleich bei seinem Eintreffen auf dem Festplatz vor den Toren von Lucca kennengelernt hat. Nach einem Tanz mit ihr erlebt Florio aber deren Aufspaltung in ein »seltsame[s] Doppelbild« (S. 28) von zwei verschiedenen Personen. Er glaubt

■ Gestaltwandel (Metamorphose)

■ Ambivalenz

»seine schöne Tänzerin am anderen Ende des Saales noch einmal wiederzusehen. Es war dieselbe Tracht, dieselben Farben des Gewandes, derselbe Haarschmuck. Das schöne Bild schien unverwandt auf ihn herzusehen und stand fortwährend still im Schwarme der nun überall zerstreuten Tänzer, wie ein heiteres Gestirn zwischen dem leichten fliegenden Gewölk bald untergeht, bald lieblich wieder erscheint.« (S. 28)

Anonymität

Gesichtslosigkeit

Spätestens von diesem Augenblick an lassen sich die jeweiligen Frauengestalten nicht mehr eindeutig identifizieren. Wenn etwa Florio kurz darauf an einem vom Mondlicht erleuchteten Springbrunnen die »Griechin« (S. 29) entdeckt, die »mit einer Rose« spielt, so suggerieren diese Informationen des Erzählers zwar eine erneute Übereinstimmung der unbekannten Frau mit Bianka, doch da ihr Gesicht längere Zeit über entweder maskiert, abgewandt oder verschleiert bleibt, bleibt auch die Person unerkannt.

Erst die Verhüllung ihres Geschlechts im Kostüm eines jungen Mannes, ihre »hermaphroditische« Verwandlung zur »entkörperlichten Seelenbraut«,[5] führt Florio zur plötzlichen Entdeckung ihrer personalen Identität. Indem er unter der Verkleidung des »zierliche[n] Knabe[n]« (S. 48), der ihn nach dem glücklichen Ausgang seines Abenteuers in Lucca begleitet,

5 Christian Begemann, »Der steinerne Leib der Frau. Ein Phantasma in der europäischen Literatur des 18. und 19. Jahrhunderts«, in: *Aurora* 59 (1999) S. 135–159, hier S. 145.

die ›zierliche Ballspielerin‹ Bianka wiedererkennt, offenbart er selbst die neugewonnene Fähigkeit, unter der Oberfläche das dort Verborgene zu entdecken. Dass er nun zu Bianka »mit tiefer Innigkeit« (S. 48) spricht, ist buchstäblicher Ausdruck dieses Erkenntnisgewinns. Bianka erscheint auch am Ende der Geschichte lediglich »wie ein heiteres Engelsbild« (S. 49) und bleibt damit weiterhin eine nur diffuse Figur ohne Individualität. Dennoch konkretisiert sich nun zumindest für Florio in ihrem Namen die Erfüllung seines Glücksverlangens.

Venus

Das *Marmorbild* der griechischen (Aphrodite) bzw. römischen Göttin der Liebe, Schönheit, Sinnenlust und Fruchtbarkeit (Venus) steht als Titelfigur der Novelle im Zentrum der Handlung. Obwohl die antike mythologische Gestalt in ihrer künstlerischen Vergegenwärtigung als Statue selbst keine aktive Handlungsträgerin ist, regiert sie die extreme Seelenlage des Helden Florio. Er findet in ihr eine Projektionsfläche für seine Bedürfnisse nach körperlicher Nähe und sexueller Befriedigung, aber auch für die damit verbundenen negativen Affekte von Schuld und Scham.

■ Titelfigur

Venus – personifizierter Inbegriff einer verführerischen Macht – ist niemals bloße Steinfigur, sondern erscheint stets belebt. Die Attribute ihrer ersten Inszenierung sind das Wasser eines »von hohen Bäumen rings umgebenen Weiher[s]« (S. 15), sodann das

■ Mythologischer Motivkreis

Abb. 5: Die Geburt der Venus (1484/85). Gemälde von Sandro Botticelli (1445–1510). Uffizien, Florenz

Licht des Mondes in der Dunkelheit der Nacht (S. 15) und Schwäne, die »still ihre einförmigen Kreise um das Bild [der Venus]« (S. 16) beschreiben. Inmitten dieser symbolisch aufgeladenen romantischen Naturkulisse tritt die Marmorfigur durch eine ›scharfe Beleuchtung‹ (S. 15) hervor.

Lichtinszenierung

Der Erzähler verbindet mit der Darstellung der Szene die Vorstellung, als ob »die Göttin soeben erst aus den Wellen aufgetaucht« wäre und »nun, selber verzaubert, das Bild der eigenen Schönheit [betrachte], das der trunkene Wasserspiegel […] widerstrahlt[ ]« (S. 16). Dabei lässt er den Leser an den Mythos des Narziss denken, der von Nemesis, der Göttin der Vergeltung, zur Strafe für die Zurückweisung aller, die ihn begeh-

Mythos des Narziss

ren, dazu verdammt ist, sich in sein eigenes Spiegelbild zu verlieben, ohne dass seine Liebe jemals Erfüllung fände. In seinen *Metamorphosen* (dt. ›Verwandlungen‹) erzählt der römische Dichter Ovid (43 v. Chr. – um 17 n. Chr.) vom grausamen Schicksal des außergewöhnlich schönen jungen Mannes, der schließlich daran zugrunde geht. Nach seinem Tod findet man keinen Leichnam, nur eine Narzisse.

Narzissmus

In Eichendorffs *Das Marmorbild* wird nun die Liebesgöttin selbst in einer Haltung der Selbstverliebtheit gezeigt. Venus schlägt Florio durch ihre eigene Metamorphose in ihren Bann, indem sie – zumindest in der Fantasie des Protagonisten Florio – in seiner Anwesenheit die »seelenvollen Augen« aufschlägt und »die Lippen […] zum Gruße« (S. 16) bewegt, bevor der Vorgang ihrer Vermenschlichung abrupt in einem schauerlichen Bild des Todes endet:

> »Als er [Florio] wieder aufblickte, schien auf einmal alles wie verwandelt. Der Mond sah seltsam zwischen Wolken hervor, ein stärkerer Wind kräuselte den Weiher in trübe Wellen, das Venusbild, so fürchterlich weiß und regungslos, sah ihn fast schreckhaft mit den steinernen Augenhöhlen aus der grenzenlosen Stille an.« (S. 16)

Doppelnatur der Venus

In der Doppelung von anorganischer, unbelebter Materie (Marmor) und lebensnaher Darstellung einer nackten menschlichen Gestalt spiegelt sich das zwiespältige Wesen der Figur, welche die Polarität von

Abb. 6: Madonna im Rosenhag (um 1440). Gemälde von Stefan Lochner (um 1410–1451). Wallraff-Richartz-Museum, Köln

Eros und Thanatos personifiziert. Als »hohe schlanke Dame von wundersamer Schönheit« (S. 20) trägt sie »eine prächtige mit goldnem Bildwerk gezierte Laute im Arm«, während ihr »langes goldenes Haar [...] in reichen Locken über die fast bloßen, blendendweißen Achseln bis in den Rücken hinab[fällt]« (S. 20). In der Beschreibung durch den Erzähler zeigt die antike Göttin der Liebe sich nicht, wie üblich, unbekleidet, sondern – wie in mittelalterlichen Darstellungen der Jungfrau Maria – in einem »himmelblaue[n] Gewand, [das] ringsum an den Enden mit buntglühenden, wunderbar ineinander verschlungenen Blumen gestickt [ist]« (S. 20).

Leitmotiv Garten

Entsprechend der floralen Ornamentik der Kleidung ist der »prächtige[] Palast« (S. 20) dieser »blühende[n] Gestalt« (S. 21) und »schöne[n] Lautenspielerin« (S. 21) mit dem »schönen Leib« (S. 20) von einem Garten umgeben, der in mittelalterlichen Marienbildern den Paradiesgarten, hier aber einen »prächtigen Lustgarten« (S. 19) bezeichnet:

> »Hohe Buchenhallen empfingen ihn [Florio] da mit ihren feierlichen Schatten, zwischen denen goldene Vögel wie abgewehte Blüten hin und wieder flatterten, während große seltsame Blumen [...] traumhaft mit ihren gelben und roten Glocken in dem leisen Winde hin und her schwankten.« (S. 20)

Locus amoenus

Der Eindruck einer paradiesischen Idylle bestätigt sich, als Florio erneut den Aufenthaltsort der »schöne[n] Herrin« (S. 36) aufsucht, wo »sich der Palast mit seiner heitern Säulenpracht« vor ihm erhebt, »ringsum von dem schönen Garten, wie von einem fröhlichen Blumenkranz umgeben.« (S. 35 f.) Der Garten der Venus ist nicht nur ein naturschöner Ort von vermeintlich vollkommener Harmonie, sondern auch sozialer Raum eines höfischen Luxuslebens voller Grazie, in dem

> »[v]iele fremde Herren und Damen [...] zwischen den Rosengebüschen und Wasserkünsten in artigen Gesprächen auf und nieder [wandelten]. Reichgeschmückte Edelknaben reichten Wein und mit Blumen verdeckte Orangen und Früchte in silbernen Schalen umher. Weiter in der Ferne, wie die Lautenklänge und die Abendstrahlen so über die Blumenfelder dahinglitten, erhoben sich hin und her schöne Mädchen, wie aus Mittagsträumen erwachend, aus den Blumen, schüttelten die dunkeln Locken aus der Stirn, wuschen sich die Augen in den klaren Springbrunnen, und mischten sich dann auch in den fröhlichen Schwarm.« (S. 36 f.)

Höfischer Luxus

Inmitten dieses traumartigen Bildes einer verschwenderischen und zugleich gesitteten Gesellschaft ragt die Dame Venus als Gravitationszentrum eines rhythmischen Wogens (»auf und nieder«, »hin und her«, »nach und nach«, S. 36) hervor. In einer unmissverständlichen mythologischen, von christlicher Symbolik (das himmelblaue Gewand als Hinweis auf

Abb. 7: Diana mit Nymphen, im Schlaf von Satyrn belauscht (um 1620). Gemälde von Abraham Janssens (um 1575 – 1632). Gemäldegalerie Alte Meister, Kassel

die Jungfrau Maria; die Rosen, ursprünglich Attribut der Venus, als Symbol für die Reinheit Marias) durchsetzten Anspielung auf die römische Göttin Diana, ruht sie, zugleich Venus und Diana, zugleich Leidenschaft und Keuschheit,

Diana: römische Göttin der Jagd, des Mondes und der Keuschheit

> »halb liegend, auf einem Ruhebett von köstlichen Stoffen. Das Jagdkleid hatte sie abgelegt, ein himmelblaues Gewand, von einem wunderbar zierlichen Gürtel zusammengehalten, umschloss die schönen Glieder. Ein Mädchen neben ihr kniend

Rose: Symbol für Liebe und Leidenschaft

Nachtigall: Seelenvogel und Sinnbild der Liebe

> hielt ihr einen reich verzierten Spiegel vor, während mehrere andere beschäftigt waren, ihre anmutige Gebieterin mit Rosen zu schmücken. Zu ihren Füßen war ein Kreis von Jungfrauen auf den Rasen gelagert, die sangen mit abwechselnden Stimmen zur Laute, bald hinreißend fröhlich, bald leise klagend, wie Nachtigallen in warmen Sommernächten einander Antwort geben.« (S. 36)

Schleier: Objekt der Illusionsbildung

Nachdem sie Florio – wie es in einer sexuell getönten Formulierung heißt – in »das Innere ihres Schlosses« (S. 37) und dort in eines »der prächtigsten Gemächer des Schlosses« (S. 37) geführt hat, lässt sie sich »auf mehrere am Boden liegende seidene Kissen nieder. Sie warf dabei, zierlich wechselnd, ihren weiten, blütenweißen Schleier in die mannigfaltigsten Richtungen, immer schönere Formen bald enthüllend, bald lose verbergend« (S. 38).

Die erotisch-laszive Pose, in der Verhüllung und Enthüllung auf Erregung und Verführung zielen, bannt den faszinierten Blick des männlichen Betrachters. Sie ist ihrerseits eingerahmt durch »wunderliche[ ] Verzierungen des Gemaches« (S. 38), die in der sprachlichen Darstellung den Eindruck einer dämmrig-monströsen und künstlichen, zugleich aber auch magischen, die Sinne betörenden Szene erwecken:

> »Es war nur matt durch einige Kerzen erleuchtet, die von zwei ungeheuren, aus der Wand hervorragenden Armen gehalten wurden. Hohe, ausländi-

> sche Blumen, die in künstlichen Krügen umherstanden, verbreiteten einen berauschenden Duft. Gegenüber stand eine Reihe marmorner Bildsäulen, über deren reizende Formen die schwankenden Lichter lüstern auf und nieder schweiften.« (S. 38)

So ist die Figur der Venus in *Das Marmorbild* zugleich »Chiffre für die Verderbtheit der Welt«[6]. Eindringlich schildert der Erzähler im Moment der Bannung des Bösen durch Florio die Verwandlung des Venustempels von einem Traumgebilde der grenzenlosen Betörung menschlicher Sinne in eine alptraumhaft-höllische Echokammer und Schattenwelt des Todes, wo »die hohen Blumen in den Gefäßen« anfangen, »sich wie buntgefleckte bäumende Schlangen grässlich durcheinander zu winden«:

■ Die Untote

■ Hölle

> »[D]ie beiden Arme, welche die Kerzen hielten, rangen und reckten sich immer länger, als wollte ein ungeheurer Mann aus der Wand sich hervorarbeiten, der Saal füllte sich mehr und mehr, die Flammen des Blitzes warfen grässliche Scheine zwischen die Gestalten, durch deren Gewimmel Florio die steinernen Bilder mit solcher Gewalt auf sich losdringen sah, dass ihm die Haare zu Berge standen. Das Grausen überwältigte alle seine Sin-

6 Volker Riedel, *Antikerezeption in der deutschen Literatur vom Renaissance-Humanismus bis zur Gegenwart. Eine Einführung*, Stuttgart/Weimar 2000, S. 220.

> ne, er stürzte verworrren aus dem Zimmer durch die widerhallenden Gemächer und Säulengänge hinab.« (S. 41)

Ruine auf dem Venusberg

Der anschließend beschriebene »Verfall dieses Schlosses« (S. 43) inmitten »einer üppig blühenden Wildnis grünverschlungener Ranken, Hecken und hohen Unkrauts« (S. 44) ändert nichts an der gleichsam naturgesetzlichen Wiederkehr der Versuchung des Menschen zu einem ausschließlich weltlichen Leben fernab von Gott. So erklärt Fortunato, dass »der Geist der schönen Heidengöttin […] keine Ruhe gefunden« habe. Vielmehr heiße sie

Fluch des Bösen

> »das Andenken an die irdische Lust jeden Frühling immer wieder in die grüne Einsamkeit ihres verfallenen Hauses heraufsteigen und durch teufelisches Blendwerk die alte Verführung üben an jungen sorglosen Gemütern, die dann vom Leben abgeschieden, und doch auch noch nicht aufgenommen in den Frieden der Toten, zwischen wilder Lust und schrecklicher Reue, an Leib und Seele verloren, umherirren, und in der entsetzlichsten Täuschung sich selber verzehren.« (S. 46)

4. Form und literarische Technik

Das Marmorbild erzählt in weitgehend chronologischer Reihenfolge die Geschichte einer persönlichen Reifung. Diese beginnt mit der abendlichen Ankunft des Helden in der toskanischen Stadt Lucca, und sie endet nach Ablauf von etwa einer Woche mit dessen morgendlichem Aufbruch nach Mailand. War er zu Anfang noch alleine, so wird er am Schluss von Fortunato und Pietro, zwei Männern seines Vertrauens, sowie von Bianka, der Frau, die ihn über alles liebt, begleitet. Der Endpunkt der Ereignisse markiert die Ichfindung eines jungen Menschen. Er überwindet, nach einem dramatischen inneren Konflikt zwischen Fremd- und Selbstbestimmung, die ursprüngliche Abhängigkeit von seiner Instinktnatur, indem er für sich selbst und für andere Menschen Verantwortung übernimmt.

■ Lineare Erzählführung

■ Emanzipation – von der Unmündigkeit zur Mündigkeit

Die Handlung bleibt auf einen überschaubaren Raum im Umfeld einer südeuropäischen Stadt begrenzt und erstreckt sich über die Dauer von wenigen Tagen im Umfang von etwa einer Woche. Ihr Verlauf ist lediglich durch die einzige konkrete Angabe eines Wochentags (»Heute ist Sonntag«, S. 24), besonders aber durch wiederkehrende Zeitangaben von eher unbestimmtem Charakter (»ein schöner Sommerabend«, S. 3; »in der Nacht«, S. 12, 17, 19, 31; »[a]m folgenden Morgen«, S. 17, 24; »den ganzen folgenden Tag«, S. 25; »[m]ehrere Tage waren seitdem vergangen«, S. 35; »[d]ie Nacht [im Venustempel]«, S. 37, 40;

■ Räumliche und zeitliche Struktur

»[d]ie früheste Morgendämmerung«, S. 43; »[d]ie Morgenröte erhob sich«, S. 43; »die Sonne ging soeben auf«, S. 47; »auf dem tiefblauen Grunde des Morgenhimmels«, S. 49) sowie durch unspezifische, aber häufig wiederholte temporale Adverbien (»endlich«, »bald«, »plötzlich«, »auf einmal«, »unterdes«, »indes«, »dann«, »nun«) wiedergegeben, so dass die Vorstellung eines schwebenden Verlaufs im Wechsel von Abenden, Nächten und Morgenzeiten erzeugt wird.

■ Situationen der Rückschau

Nur wenige Male durchbrechen Retrospektiven den Fortgang der Erzählhandlung. Dazu zählt insbesondere der Bericht des Erzählers davon, was mit Bianka geschehen war, nachdem Florio sie verlassen hatte (S. 34).

Vertiefende Einblicke etwa in das Gefühlsleben der Er/Sie-Figuren gewährt der auktoriale Erzähler hier in mitunter direkter (Rückblende, Kommentar usw.), prinzipiell aber in indirekter Weise aus der allwissenden und allgegenwärtigen Position desjenigen, der einen umfassenden Überblick über die Zusammenhänge der erzählten Handlung hat. Ein Beispiel ist etwa der folgenden Satz: »Die unbeschreibliche Schönheit der Dame, wie sie so langsam vor ihm verblich, und die anmutigen Augen untergingen, hatte in seinem tiefsten Herzen eine solche unendliche Wehmut zurückgelassen, dass er sich unwiderstehlich sehnte, hier zu sterben.« (S. 42 f.)

■ Auktoriale Erzählsituation

Ebenso verdanken sich alle szenischen Beschreibungen dem distanzierten Blick des auktorialen Erzählers:

> »Florios Blicke schweiften wie geblendet über die bunten Bilder, immer mit neuer Trunkenheit wieder zu der schönen Herrin des Schlosses zurückkehrend. Diese ließ sich in ihrem kleinen anmutigen Geschäft nicht stören. Bald etwas an ihrem dunkeln duftenden Lockengeflecht verbessernd, bald wieder im Spiegel sich betrachtend, sprach sie dabei fortwährend zu dem Jüngling, mit gleichgültigen Dingen in zierlichen Worten holdselig spielend.« (S. 37)

Eine Verschiebung der auktorialen hin zu einer personalen Erzählsituation besteht im Einzelfall dort, wo wörtliche Äußerungen zitiert werden.

■ Personale Erzählsituation

Die Novelle ist von einer starken Bildhaftigkeit geprägt, die für die romantische Literatur typisch ist. Der Erzähler beschränkt sich zumeist nicht auf knappe Informationen, sondern er fügt diesen Informationen unaufhörlich wertende Attribute hinzu. Dies kann, wie im folgenden Textbeispiel, durch eine Fülle von Adjektiven und Adverbien geschehen:

■ Sprache und Stil

> »Der leichte Gesang, der nur gaukelnd wie ein Frühlingswind die Oberfläche des Lebens berührte […], bewegte fröhlich den Kranz heiterer Bilder um die Tafel. Florio war recht innerlichst vergnügt, alle blöde Bangigkeit war von seiner Seele genommen, und er sah fast träumerischstill vor fröhlichen Gedanken zwischen den Lichtern und Blumen in die wunderschöne, langsam in die Abendgluten versinkende Landschaft vor sich hinaus.« (S. 6 f.)

Weitere Mittel der Poetisierung der erzählten Wirklichkeit sind unterschiedliche Formen des Vergleichs, von denen hier lediglich ein einzelnes Beispiel stellvertretend für die vielen anderen zitiert werden soll:

> »Florio betrachtete verwundert Bäume, Brunnen und Blumen, denn es war ihm, als sei das alles lange versunken, und über ihm ginge der Strom der Tage mit leichten, klaren Wellen, und unten läge nur der Garten gebunden und verzaubert und träumte von dem vergangnen Leben.« (S. 20)

Subjektive, perspektivische Gestaltung

Ebenfalls hervorzuheben ist der konstante leitmotivische Gebrauch von Schlüsselwörtern zur Bezeichnung von Erscheinungen der Natur (Mondlicht, Mondesglanz, Luft, Duft, Blumen, Haare, Augen usw.) und von subjektiven Wahrnehmungen und Eindrücken (still, schüchtern, fröhlich, hübsch, anmutig, prächtig, schön, lieblich, wunderbar, träumerisch, gespenstisch, rätselhaft u. a.). Wie diese, so erschaffen vor allem auch metaphorische Kodierungen (Zaubermacht, Zaubernebel, zauberischer Schein, Meer von Lust, Meer von Stille, Traumblüten usw.) eine eigentümliche Gefühlswelt, die den Tendenzen der romantischen Kunst zur Subjektivierung, Mystifizierung und Verinnerlichung der Wirklichkeitsdarstellung in hohem Maße entspricht.

5. Quellen und Kontexte

Die Zahl der literarischen Vorbilder, die das Kernmotiv der Verwandlung einer Venusstatue in eine lebendige Gestalt von vollkommener Schönheit und teuflischer Verführungsmacht enthalten, ist so groß, dass hier auf eine vollständige Darstellung der Quellenlage verzichtet werden muss. Stattdessen seien an dieser Stelle nur einzelne ausgewählte Beispiele ausführlich vorgestellt, die in besonderer Weise geeignet sind, intertextuelle Bezüge auf unterschiedlichen Ebenen erkennen zu lassen.

■ Komplexe Quellenlage

Das erwähnte Motiv findet sich bereits in den *Metamorphosen* des römischen Dichters Ovid (43 v. Chr. – um 17 n. Chr.), der in insgesamt 250 Verwandlungsgeschichten in 15 Büchern eine mythologische Darstellung von der Entstehung und der Geschichte der Welt bis zur Herrschaft des Kaisers Augustus gibt, dessen Zeitgenosse Ovid war. Eine der Erzählungen handelt von dem zyprischen König und Künstler Pygmalion, der sich in eine von ihm selbst geschaffene weibliche Elfenbeinstatue verliebt und von Venus, der Göttin der Liebe, erbittet, dass seine zukünftige Frau so vollkommen sein möge wie diese Statue. Insgeheim aber wünscht er sich die Statue zur Frau. Als die wertvolle Elfenbeinfigur sich danach unter seinen Liebkosungen tatsächlich in einen Menschen verwandelt, geht Pygmalion mit seiner Idealfrau, die in späterer Zeit (18. Jahrhundert) Galatea genannt wird, eine glückliche Ehebeziehung ein.

■ Pygmalion

Abb. 8: Pygmalion und Galatea (um 1890). Gemälde von Jean-Léon Gérôme (1824–1904). Metropolitan Museum of Art, New York

Der Mythos, wie ihn Ovid im 10. Buch seiner *Metamorphosen* darstellt, motiviert den leidenschaftlichen Wunsch des Mannes nach einer Frau, die ganz seiner Fantasie entspricht, mit dessen ursprünglicher Furcht vor einer entfesselten weiblichen Sexualität, die der Frau – in den Augen des Mannes – die weibliche Anmut nimmt und sie buchstäblich in Stein verwandelt.

Die Modellfrau als Wunschpartnerin

Neben dem antiken Motiv der Statuenbelebung ist es der mittelalterliche Stoff der aus dem 14. Jahrhundert stammenden Tannhäuser-Sage, der einen unverkennbaren Einfluss auf die Novelle *Das Marmorbild* hatte. Die sogenannte *Tannhäuser-Ballade*, die 1515 erstmals in einer hochdeutschen Textversion gedruckt vorlag, erzählt die Geschichte eines Ritters und Minnesängers, der seiner Leidenschaft für die Göttin der Liebe verfällt und mit ihr ein Jahr im sogenannten Venusberg verbringt. Aus Reue über diese sündige Beziehung pilgert er als Büßer zum Papst. Doch der weist ihn zurück: So wenig, wie sein, des Papstes, dürrer Stab grün werden könne, so wenig könne Tannhäuser bei Gott Gnade finden. Tannhäuser kehrt hoffnungslos in den Venusberg an den Ort seiner sexuellen Obsession zurück. Als das Wunder jedoch eintritt, das unabdingbare Voraussetzung für das Seelenheil des Ritters ist, bleibt dieser rettungslos verloren, denn die Nachricht vom grünenden Stab erreicht ihn nicht mehr.

Tannhäuser

Die Geschichte Tannhäusers, der sich verzweifelt und erfolglos aus den Zwängen seiner Triebnatur zu befreien sucht, dürfte Joseph von Eichendorff aus der

Der literarische Stoff

entsprechenden literarischen Verarbeitung in der Volksliedsammlung *Des Knaben Wunderhorn* von Clemens Brentano (1778–1842) und Achim von Arnim (1781–1831) bekannt gewesen sein. Die in Band 1 der Erstausgabe aus dem Jahre 1806 enthaltene Ballade *Der Tannhäuser* schildert ausdrücklich die sexuellen Verlockungen der »Frau Venus« (»Nun laßt uns in die Kammer gehen, / Und spielen der heimlichen Minnen«, S. 87) sowie die Gewissensnot und Höllenangst, die der Ritter Tannhäuser durchlebt, nachdem der Papst als das Oberhaupt der christlichen Kirche ihm eine direkte Vergebung für das ausschweifende Leben mit der »Teufelin« verwehrt hat.

Tiecks *Der getreue Eckart und der Tannhäuser*

Weitere Inspirationsquellen für die Verarbeitung des Stoffes in *Das Marmorbild* waren eine Reihe epischer Texte aus der Zeit der Romantik, so beispielsweise auch *Der getreue Eckart und der Tannhäuser* (1799) des Dichters, Schriftstellers und Übersetzers Ludwig Tieck (1773–1853). Die zweiteilige Erzählung verbindet – ihrem Titel gemäß – die Geschichten zweier Männer, die in weit auseinanderliegenden Jahrhunderten des Mittelalters zwei völlig gegensätzliche Schicksale erfahren. Der eine, Eckart, zeichnet sich als heldenhafter Kämpfer im Dienst eines Herzogs aus, der ihn zunächst für seine Opferbereitschaft großzügig belohnt, dann aber zu seinem Feind wird, weil er dem zu Ruhm und Ansehen gelangten Gefolgsmann zutiefst misstraut. Obwohl Eckart in einer Schlacht zur Verteidigung des Herzogs einen Sohn und später durch dessen Hass zwei weitere Söhne verliert, bleibt er seinem Herrn bis zum eigenen Tod treu.

Ganz anders verhält es sich mit Tannhäuser, der wegen einer unerwiderten Liebe zu einer Frau zu deren Mörder wird. Die Verzweiflung über die Zerstörung seiner Liebessehnsucht entfacht in ihm so viel Wut und Hass, dass er in eine Wahnwelt des Bösen gerät, in der er glaubt, dass »die Hölle nach [ihm] lüstern sei«[7]. Er überlässt sich dem satanischen »Feind Gottes«[8] und der Befriedigung seiner Triebe, an deren Ende die Abhängigkeit von »Frau Venus«[9] steht. Ausführlich und tabulos beschreibt Tannhäuser den langwährenden Zustand seiner Drogensucht und seiner sexuellen Hörigkeit im unterirdischen Reich der Lust:

Wahnwelt des Bösen

> »Alle Freuden, die die Erde beut, genoss und schmeckte ich hier in ihrer vollsten Blüte, unendlich war mein Busen und unendlich der Genuss. Die berühmten Schönheiten der alten Welt waren zugegen, was mein Gedanke wünschte war in meinem Besitz, eine Trunkenheit folgte der andern, mit jedem Tag schien um mich her die Welt in bunteren Farben zu brennen. Ströme des köstlichsten Weines

Wilde Exzesse

7 Ludwig Tieck, *Der getreue Eckart und der Tannhäuser*, in: L. T., *Märchen aus dem »Phantasus«*, hrsg. von Walter Münz, Stuttgart 2003 (Reclams Universal-Bibliothek. Nr. 18240), S. 52–86, hier S. 81. – Die Zitate sind hier und im Folgenden auf der Grundlage der gültigen amtlichen Rechtschreibregeln behutsam modernisiert.

8 Ebenda, S. 82.

9 Ebenda, S. 83.

Sexuelle Ausschweifungen

löschten den grimmen Durst, und die holdseligsten Gestalten gaukelten dann in der Luft, ein Gewimmel von nackten Mädchen umgab mich einladend. Düfte schwangen sich bezaubernd um mein Haupt, wie aus dem innigsten Herzen der seligsten Natur erklang eine Musik, und kühlte mit ihren frischen Wogen der Begierde wilde Lüsternheit, ein Grauen, das so heimlich über die Blumenfelder schlich, erhöhte den entzückenden Rausch. Wie viele Jahre so verschwunden sind, weiß ich nicht zu sagen, denn hier gab es keine Zeit und keine Unterschiede, in den Blumen brannte der Mädchen und der Lüste Reiz, in den Körpern der Weiber blühte der Zauber der Blumen, die Farben führten hier eine andre Sprache, die Töne sagten neue Worte, die ganze Sinnenwelt war hier in einer Blüte feste gebunden, und die Geister drinnen feierten ewig einen brünstigen Triumph.«[10]

Triumph der Sünde am Ende der Welt

Bei dem magischen Ort des vermeintlich ewigen Wohlbefindens handelt es sich um den »Berg der Venus«, von dem im ersten Teil der Erzählung der ›getreue‹ Eckart aus dem Mund eines alten Mannes erfahren hat. Dieser schildert die sittenlose Gegenwart in ausdrucksstarken Bildern der Apokalypse als eine Endzeit, in der »die bösen Kräfte in ihren Winkeln auf[stehen] und […] ihren Triumph«[11] feiern. Wie in einem Menetekel kündigt der Alte »die letzten Tage« an, an denen »die erschrecklichsten Zeichen […] dräuend in

10 Tieck (s. Anm. 7), S. 83 f.
11 Ebenda, S. 59.

die Welt herein[fallen].« Die chaotische Entfesselung des »Unheil[s]«[12] steht nach seinen Worten in einem Zusammenhang mit der Gottlosigkeit der Menschen.

Als Tannhäuser – ganz im Bann seiner obsessiven Fixierung auf die »Sündenherrlichkeit« – schließlich doch die ›Lust verliert‹, weil er »von dem Glanz gesättigt«[13] ist, treibt ihn eine neue Sehnsucht nach »Ruhe« und nach der gewöhnlichen, unspektakulären Normalität des menschlichen Alltags. Um »wieder jenes Leben zu leben, das die Menschen in aller Bewusstlosigkeit führen, mit Leiden und abwechselnden Freuden«, sucht er – allerdings ohne Erfolg – auch nach der geistlichen Vergebung seiner Schuld durch den »heiligsten Vater[ ] in Rom«.[14]

Sehnsucht nach Normalität

In der Erzählung bzw. Märchennovelle *Der Runenberg* (1804) variiert Ludwig Tieck das Motivgeflecht der Tannhäuser-Sage, indem er den Schwerpunkt der Perspektive auf das zunächst unstete, dann aber doch vorübergehend heimatlich-bürgerliche Leben des Helden Christian legt. Im Gegensatz zu dem angesehenen »kaiserlich[n] Rat«[15] Tannhäuser, der niemals heiratet, sondern sich stattdessen umsonst nach der Frau seines Freundes Friedrich verzehrt und an der Unerfülltheit seiner narzisstischen Ich-Fixierung zugrunde geht, gründet der Jäger Christian nach einer Phase des Aufenthalts in der Fremde mit Elisabeth ei-

Tiecks *Der Runenberg*

12 Ebenda, S. 58.
13 Ebenda, S. 84.
14 Ebenda, S. 84.
15 Ebenda, S. 74.

ne Familie und arbeitet im Dienst von deren vermögendem Vater.

Psychodrama eines jungen Mannes

Doch schon vor der Geburt der Tochter Leonora zeigt Christian zeitweilig Anzeichen einer seelischen Instabilität, die sich allmählich zu einer Geisteskrankheit hin entwickelt. Die Geschichte motiviert diese Persönlichkeitsstörung insbesondere mit einem traumartigen Schlüsselerlebnis, das Christian hat, als er sich auf den Vorschlag eines fremden Mannes hin zum Runenberg begibt. Auf dem Weg dorthin entdeckt er in einem unbekannten und gefährlichen Felsgebirge hinter einem Fenster eine »weibliche Gestalt«, […] die »nicht den Sterblichen anzugehören«[16] scheint. In einem Lied beschwört die Frau Geister, bevor sie sich entkleidet:

Heimlicher Blick auf das nackte Geschlecht

> »Erst nahm sie einen goldenen Schleier vom Haupte, und ein langes schwarzes Haar floss in geringelter Fülle bis über die Hüften hinab; dann löste sie das Gewand des Busens, und der Jüngling vergaß sich und die Welt im Anschauen der überirdischen Schönheit. Er wagte kaum zu atmen, als sie nach und nach alle Hüllen löste; nackt schritt sie endlich im Saale auf und nieder, und ihre schweren schwebenden Locken bildeten um sie her ein dunkel wogendes Meer, aus dem wie Marmor die glänzenden

16 Ludwig Tieck, *Der Runenberg*, in: L. T., *Märchen aus dem »Phantasus«*, hrsg. von Walter Münz, Stuttgart 2003 (Reclams Universal-Bibliothek Nr. 18240), S. 86–112, hier S. 93 f.

> Formen des reinen Leibes abwechselnd hervorstrahlten.«[17]

Ein Leib wie Marmor

Nachdem die Unbekannte ihm aus dem Fenster eine »kostbare Tafel«[18] voller Edelsteine überreicht hat, steht Christian für immer unter dem Eindruck dieses Ereignisses, bis er am Ende ganz als Akteur verschwindet. Wie Mose nach alttestamentlicher Überlieferung von Gott die Gesetzestafel mit den Zehn Geboten erhalten hat, so übernimmt der Protagonist in Tiecks *Der Runenberg* ebenfalls eine Tafel, die jedoch keine ethischen Grundsätze für eine gottgefällige Lebensführung enthält, sondern »von vielen eingelegten Steinen, Rubinen, Diamanten und allen Juwelen glänzt[]«. Die zweite Besonderheit des Gegenstandes bildet »eine wunderliche unverständliche Figur mit ihren unterschiedlichen Formen und Linien«, durch welche Christian sowohl »schmerzhaft geblendet« als auch berauscht wird:

Sehnsucht nach materiellem Reichtum

> »In seinem Innern hatte sich ein Abgrund von Gestalten und Wohllaut, von Sehnsucht und Wollust aufgetan, Scharen von beflügelten Tönen und wehmütigen und freudigen Melodien zogen durch sein Gemüt, das bis auf den Grund bewegt war: er sah eine Welt von Schmerz und Hoffnung in sich aufgehen, mächtige Wunderfelsen von Vertrauen und trotzender Zuversicht, große Wasserströme, wie

Entfesselung der Lust

17 Ebenda, S. 94 f.
18 Ebenda, S. 95.

Selbstentfremdung

voll Wehmut fließend. Er kannte sich nicht wieder, und erschrak […].«[19]

Das Motiv der Steintafel, die den Betrachter durch ihre geradezu körperliche Präsenz in eine magische Welt der Ekstase und des Ich-Verlustes hineinzieht, weist strukturelle Übereinstimmungen mit dem Motiv des Marmorbildes auf. Ein allerdings nicht nur indirektes, sondern direktes Indiz für den maßgeblichen Einfluss etwa von Tiecks Variationen des *Tannhäuser*-Stoffes auf Joseph von Eichendorffs *Das Marmorbild* ergibt sich natürlich daraus, dass dort der Sänger Fortunato gegenüber Florio ganz unvermittelt von dem »wunderbaren Spielmann« spricht, »der durch seine Töne die Jugend in einen Zauberberg hinein verlockt, aus dem keiner wieder zurückgekehrt« (S. 4) sei. Zu diesem Hinweis auf den Vorgang einer Verzauberung und Verführung des Menschen durch Musik und Gesang passt der Bericht des Protagonisten in *Der getreue Eckart und der Tannhäuser*:

Analogie – Steintafel – Marmorbild

> »Ich machte mich auf den Weg, und das Lied, das ich mit lauter Stimme sang, führte mich über wunderbare Einöden fort, und alles Übrige in mir und außer mir hatte ich vergessen; es trug mich wie auf großen Flügeln der Sehnsucht nach meiner Heimat, ich wollte dem Schatten entfliehen, der uns auch aus dem Glanze noch dräut, den wilden Tönen, die

19 Tieck (s. Anm. 16), S. 95.

noch in der zartesten Musik auf uns schelten. So kam ich in einer Nacht, als der Mond hinter dunkeln Wolken matt hervorschien, vor dem Berge an.«[20]

Realitäts- und Identitätsverlust

Sowohl Tiecks *Der Runenberg* und *Der getreue Eckart und der Tannhäuser* als auch Eichendorffs *Das Marmorbild* handeln von der Selbstentfremdung und dem Identitätsverlust eines Menschen, der durch ein süchtiges Verlangen nach dem unerreichbar Schönen und Vollkommenen so verblendet ist, dass er mit dem Bezug zur Realität auch sich selbst verliert. Im Gegensatz zu den Erzählungen von Tieck endet diejenige von Eichendorff allerdings nicht mit dem Triumph des Bösen, sondern mit dem Sieg des Guten.

Die Spätromantik

Zu den Kennzeichen der Spätromantik, die etwa auf die Zeit zwischen 1815 und 1848 datiert wird, gehört die resignative Absage an die Aufbruchstimmung, welche die Frühromantiker in der Zeit zwischen 1795 und 1804 noch hatte glauben lassen, dass die demokratischen Prinzipien der Französischen Revolution (Freiheit, Gleichheit) umgesetzt würden. Diese politische Hoffnung war nach dem Wiener Kongress 1814/15 durch die Durchsetzung restaurativer Tendenzen, etwa in der Stärkung der Monarchie, enttäuscht worden. Im künstlerischen Bereich hatte dies zur Folge, dass – auch bedingt durch die Auseinandersetzung mit den Folgen der gleichzeitig massiv fortschreitenden Industriellen Revolution – verstärkt die Nachtseiten des Zivilisati-

20 Tieck (s. Anm. 7), S. 82.

Schattenseiten des Daseins

onsprozesses in den Blick gerieten. So stellte etwa E. T. A. Hoffmann (1776–1822) vorzugsweise »das Unheimliche, das Dämonische, den Wahnsinn und das Verbrechen in den Mittelpunkt«[21] seines literarischen Werkes, während Adelbert von Chamisso (1781–1838) sich insbesondere auf die »Entfremdungsproblematik«[22] konzentrierte. Joseph von Eichendorff hingegen

Zwischen Illusion und Desillusion

> »beschwor [...] die verlorengegangene Harmonie in stimmungsvollen und melancholischen Naturbildern. Seen, Berge, Wälder, Nachtigallengesang, geheimnisvolle Burgen, Mondscheinnächte etc. sind die immer wiederkehrenden Bestandteile eines eigentümlichen Naturbildes, das nicht Abbild einer realen Landschaft, sondern Wunschbild und Ausdruck einer Stimmungs- und Seelenlandschaft ist.«[23]

Neben den »idyllische[n] und eskapistische[n] Zügen«[24], die besonders in der Erzählung *Aus dem Leben eines Taugenichts* (1826) hervortreten, zeigt Eichendorffs Werk etwa in *Das Marmorbild* eine Auseinandersetzung mit »der Gefährdung des Menschen« durch die »eigene[ ] Sinnennatur und [die] Verlockungen der ›dunklen Mächte‹«[25].

Insofern nimmt die Kunst der Romantik die tiefen-

21 Wolfgang Beutin [u. a.], *Deutsche Literaturgeschichte. Von den Anfängen bis zur Gegenwart*, 2., überarb. und erw. Aufl. Stuttgart 1984, S. 187b.

22 Ebenda, S. 190a.

23 Ebenda, S. 190b f.

24 Ebenda, S. 191b.

25 Ebenda, S. 191a.

psychologischen Entdeckungen des Unter- und Unbewussten vorweg, die ab der Wende vom 19. zum 20. Jahrhundert besonders durch Sigmund Freud, Alfred Adler und Carl Gustav Jung in wissenschaftlichen Theorien entwickelt und verbreitet wurden.

Seelenerforschung

Der innere Konflikt des jungen Helden in *Das Marmorbild* wäre demnach als eine grundsätzliche Auseinandersetzung im Spannungsfeld von innerer und äußerer Natur zu lesen, wie sie Sigmund Freud zur Zeit der Wende vom 19. zum 20. Jahrhundert als Strukturprinzip im Seelenhaushalt des Menschen entdeckt und erforscht hatte.

Nach dem sogenannten Drei-Instanzen-Modell des Wiener Begründers der Psychoanalyse ist jedes Individuum (das Ich) sowohl durch seine Triebe, Bedürfnisse und Affekte (das Es) als auch durch soziale Normen und Werte sowie durch sein Gewissen (das Über-Ich) bestimmt.

Ich – Es – Über-Ich

Florio sieht sich nach dieser Lesart auf der Seite des Es mit seinen erotischen und sexuellen Bedürfnissen und Wünschen konfrontiert, die durch Venus/Diana und Donati verkörpert sind. Auf der anderen Seite stehen Bianka und Fortunato als Repräsentanten der Anforderungen, die die Gesellschaft dem Einzelnen auferlegt. Zu diesen gehören etwa die Notwendigkeiten von Selbstbeherrschung und der Verzicht auf die ständige Befriedigung elementarer Bedürfnisse.[26]

26 Vgl. Karl Hanß, *Joseph von Eichendorff. »Das Marmorbild« / »Aus dem Leben eines Taugenichts«*, 2., überarb. und korr. Aufl., München 1996, S. 69.

6. Interpretationsansätze

Das Marmorbild – eine Novelle

Das Marmorbild wird in einem Zusatz zum Titel als Novelle bezeichnet. Dies ist ein Gattungsbegriff, der eine lange literarische Tradition hat und mit spezifischen, wenn auch nicht immer eindeutigen Textmerkmalen verbunden ist.

Außergewöhnliche Handlung

Geht man von der Definition aus, mit der Johann Wolfgang von Goethe die Novelle »als eine sich ereignete unerhörte Begebenheit« bezeichnete,[27] so gelangt man bei der Lektüre von Eichendorffs Text direkt zu dem traumartigen irrealen Erlebnis, in dem der Held durch den Anblick eines Venusbildes in einen paradoxen und zwanghaften Zustand aus Faszination und Abscheu gerät.

Dramatische Struktur

Mit dem Gattungsverständnis des Schriftstellers Theodor Storm, der die Novelle als »Schwester des Dramas«[28] betrachtete, erkennt der Leser von *Das Marmorbild* darin zugleich den typischen drei- bzw. fünfteiligen Aufbau eines Dramas. Auf die Phase der ersten **Bedürfnisbefriedigung** (Exposition: Florios glückliche Ankunft im Land seiner Sehnsüchte) folgt

27 Johann Peter Eckermann, *Gespräche mit Goethe in den letzten Jahren seines Lebens*, hrsg. von Otto Schönberger, Stuttgart 1994 (Reclams Universal-Bibliothek Nr. 2002), S. 234 (25. [29.] Januar 1827).

28 Theodor Storm, »Eine zurückgezogene Vorrede aus dem Jahre 1881«, in: Th. St., *Sämtliche Werke*, Bd. 8, hrsg. von Albert Köster, Leipzig 1920, S. 122 f.

eine Intensivierung **des Genusses**, indem der Held sich den unterschiedlichen sinnlichen Erlebnissen in Natur und Gesellschaft hingibt (Steigerung: Attraktionen der höfischen Welt). Eine zunehmende Fixierung auf die Erfüllung seines Liebesverlangens verstärkt sich zur **Sucht** (erster Höhepunkt und Peripetie: Florios Denken und Fühlen richtet sich ganz auf die verführerische Dame). Als ihn die ekstatische Hingabe an die Illusion grenzenloser Bedürfnisbefriedigung vollkommen zu beherrschen droht, entkommt Florio der Gefahr einer **dauerhaften Abhängigkeit** von der Liebesgöttin, weil ihm deren destruktive Herrschaftnahme über seine Person und sein Leben bewusst wird (retardierendes Moment). Dem Akt der **Selbstbefreiung** folgt die Öffnung für wahre Freundschaft (Fortunato) und echte Liebe (Bianka) (Lösung des Konflikts).

■ Weitere Gattungsmerkmale

Weitere textsortenspezifische Besonderheiten einer Novelle weist *Das Marmorbild* durch das Vorhandensein von zahlreichen Leitmotiven (Blumenkranz, Musik, Schlaf usw.) sowie durch das Dingsymbol des Marmorbildes auf.

1. Ausgangspunkt (Exposition)	In der Hoffnung auf ein freies und naturverbundenes Leben voller Liebe und Glück gelangt Florio nach Lucca, wo er sogleich durch den Sänger Fortunato in die Gesellschaft der Reichen und Schönen eingeführt wird. An seinem ersten Abend in der Stadt begegnet er während eines Festes Bianka, einem Mädchen mit einem auffälligen Blumenkranz im Haar. Die heitere und sinnenfrohe Atmosphäre wird durch die düstere Gestalt des Ritters Donati gestört.

2. Steigerung	Im weiteren Verlauf der Handlung begegnet Florio mehreren Frauengestalten, die miteinander in Beziehung zu stehen scheinen: **Die Venusfigur:** In der ersten Nacht seines Aufenthaltes in Lucca erwacht Florio aus einem Alptraum und begibt sich in die Natur. Beim Anblick eines Venusbildes aus Marmor fühlt er sich von der Schönheit der lebendig wirkenden Frau zunächst wie berauscht, doch schockiert ihn bald darauf deren unerwartete Verwandlung in eine totenähnliche Gestalt. **Die Lautenspielerin:** Trotzdem fühlt Florio sich weiterhin von der fremden Frau so angezogen, dass er nicht mehr aufhören kann, an sie zu denken. Auf der Suche nach der Unbekannten gelangt er in einen prächtigen Schlossgarten, wo er eine Lautenspielerin entdeckt, deren äußeres Erscheinungsbild ihn an die Gestalt der Venus erinnert. Bald darauf trifft er auf Donati, der den Eindruck erweckt, als ob er einen Kontakt mit der Schlossherrin herstellen könnte. **Die Griechin:** Am Abend des übernächsten Tages folgt Florio der Einladung auf das Grundstück eines Landhauses, wo er mit einem Mädchen »in griechischem Gewand« tanzt, sich aber von ihr abwendet, als er »seine schöne Tänzerin am anderen Ende des Saales« verdoppelt – also in der äußerlich identischen Gestalt einer zweiten Person – sieht. **Die Sängerin:** Die »Griechin«, die ihn in diesem Augenblick alleine gelassen hat, tritt bald darauf als maskierte Sängerin in Erscheinung. Nachdem sie erneut verschwunden ist, entdeckt Florio sie kurze Zeit später wieder und unterhält sich mit ihr. Doch erst, als sie ihren Gesichtsschleier zurückschlägt, glaubt er in ihr die Lautenspielerin aus dem Schlossgarten zu erkennen. **Bianka:** Als er dann Bianka wiedertrifft, welche in ihn verliebt ist, lässt er sie bald alleine und verzweifelt zurück, weil er sich nach weiteren Kontakten mit der unbekannten Frau sehnt, die ihm erstmals in der Gestalt der Venus erschienen war.

3. Höhe- und Wendepunkt (Peripetie)	Mehrere Tage später gelangt Florio zum Palast der Dame, nach der sich sein Herz verzehrt. Zur Nacht führt sie ihn in ihre Gemächer. Doch noch während sie ihn durch ihre Erotik bezaubert, vernimmt Florio ein »altes frommes Lied«, bei dessen Klang er an seine Kindheit und insbesondere an seinen Vater erinnert wird. In einem verzweifelten Moment der Bewusstwerdung seiner Selbstgefährdung bittet Florio Gott, ihn zu erretten. Daraufhin verwandelt sich die Schlossherrin in ein gespenstisches und bedrohliches Wesen, vor dem der zutiefst verängstigte Mann unmittelbar flüchtet.
4. Endpunkt (Lösung des Konflikts)	Nachdem er sich von den ihn verstörenden Eindrücken und Erlebnissen der vorausgegangenen Tage erholt hat, bricht Florio aus Lucca in Begleitung dreier Personen auf, bei denen es sich um den Sänger Fortunato und um Biankas Onkel Pietro handelt. Erst im weiteren Verlauf des gemeinsamen Rittes in Richtung Mailand wird Florio zu seiner eigenen Freude bewusst, dass es sich bei dem unbekannten dritten Mann um die verkleidete Bianka handelt. Die letzten Sätze der Novelle zeichnen ein glückliches Ende der Geschichte eines jungen Helden, der erst nach einigen inneren Konflikten mit seiner eigenen Triebnatur zur Ordnung der Wirklichkeit findet.

Gestaltformen des Unbewussten

Das Irreale (Unwirkliche) vieler Szenen ergibt sich aus einer Kombination des Fantastischen mit Elementen des Märchens. Zu diesen gehören – unter anderem – die stereotype Gegenüberstellung von Gut und Böse, die Aufhebung des Konflikts in einem harmonischen Ende sowie der Gebrauch magischer Motive, wenn sich etwa ein lebloses Bild in einen lebendigen Menschen verwandelt.

■ Märchenhafte Elemente

Das Irrationale (dem Verstand nicht Zugängliche) zahlreicher anderer Szenen markiert wiederum einen Übergang der Fiktion von einem Wach- in einen Traumzustand, wie er im Märchen nicht üblich ist. Dort nämlich umschließt die erzählte Handlung einen hermetischen Kosmos, der zum Beispiel – anders als in *Das Marmorbild* – keinen Bezug etwa zu geographisch verortbaren Räumen (Lucca, Mailand) oder zu historisch verbürgten Gegebenheiten (Ritter, mittelalterliche Kleidung) herstellt.

Märchen und Traum

Innerhalb von Eichendorffs Novelle fließen Traumbilder und Bilder der fiktiven Wirklichkeit so stark ineinander über, dass der Leser manchmal die beiden Bereiche nur noch schwer voneinander abgrenzen kann.

Traum und Trauma

Wenn Florio im Gefühlsrausch seines Verliebtseins die Welt nur noch mit den Augen eines glücklichen Menschen betrachtet, so lässt die Darstellung des Erzählers keinen Zweifel daran, dass es sich – wie im folgenden Beispiel – um eine autosuggestive Tagträumerei des Helden inmitten der ihn umgebenden Wirklichkeit handelt:

Tagträumerei

> »[Florio] bestieg schnell sein Pferd und ritt noch einmal ins Freie hinaus. Morgen, morgen! schallte es in einem fort durch seine Seele. Ihm war so unbeschreiblich wohl. Das schöne Marmorbild war ja lebend geworden und von seinem Steine in den Frühling hinuntergestiegen, der stille Weiher plötzlich verwandelt zur unermesslichen Land-

> schaft, die Sterne darin zu Blumen und der ganze Frühling ein Bild der Schönen.« (S. 23)

Anders verhält es sich mit den gewöhnlichen Träumen, die nicht – wie im vorliegenden Fall – durch die Form der erlebten Rede als Imaginationen oder Fantasievorstellungen erkennbar sind, sondern sich durch spezifische Traummarker als unterbewusstes Schlaferleben ausweisen. Die Bilder- und Gefühlswelt des psychischen Erlebens im Traum ist auf den ersten Blick ungesteuert und irrational. Im negativen Fall des Alptraums wirkt sie beängstigend, denn sie lässt sich aufgrund der ihr eigenen Dynamik nicht beeinflussen. So wird Florio – im Anschluss an seinen verzweifelten Appell an Gott, ihn »nicht verloren gehen« (S. 40) zu lassen – zum ohnmächtigen Betrachter der grotesken Ereignisse und Naturgewalten, die darauf folgen: Die Dame

Alpträume

> »saß unbeweglich still, als lausche sie. Dann stand sie rasch auf, ging ans Fenster und sprach mit anmutiger Stimme scheltend in die Nacht hinaus. Florio konnte aber nichts verstehen, denn der Sturm riss die Worte gleich mit sich fort. – Das Gewitter schien indes immer näher zu kommen, der Wind, zwischen dem noch immerfort einzelne Töne des Gesanges herzzerreißend heraufflogen, strich pfeifend durch das ganze Haus und drohte die wild hin und her flackernden Kerzen zu verlöschen. Ein langer Blitz erleuchtete soeben das dämmernde Gemach.« (S. 40)

Die bizarren Wahrnehmungen, die sich wie in einer irrealen Traumwelt über die Gesetze von Raum und Zeit hinwegsetzen, erklären sich als Projektion männlicher Lust- und Schreckensfantasien, denen Florio hilflos ausgeliefert ist. Erst im Vorgang seiner persönlichen Reifung, der auch ein Vorgang der Bewusstwerdung ist, ist er imstande, die destruktiven Kräfte seiner ungehemmten Triebnatur zu bannen. Tagtraum und Alptraum verlieren erst ihre kompensatorische Funktion der Wirklichkeitsflucht und der Wirklichkeitsverarbeitung, als Florio sich bewusst wird, dass sein süchtiges Verlangen nach Ersatzbefriedigungen ihn die Wirklichkeit verfehlen lässt.

■ Träume als Wirklichkeitsflucht

Natur

Die Novelle *Das Marmorbild* entspricht in geradezu idealtypischer Weise dem Romantikklischee einer ausgeprägten Hinwendung zur Natur. Diese bildet nicht nur den Rahmen und die Kulisse, sondern auch das ideelle Zentrum der Handlung. So wie Florio zu Beginn der Handlung an einem »schöne[n] Sommerabend« inmitten einer »wunderschönen Landschaft« (S. 3) auf Lucca zureitet, so verlässt er diese Stadt und ihre Umgebung am Ende der Ereignisse bei Anbruch eines geradezu irreal schönen Tages:

■ Natur als Rahmen

■ Landschaftspanorama

»Der Morgen schien ihnen, in langen goldenen Strahlen über die Fläche schießend, gerad entgegen. Die Bäume standen hell angeglüht, unzählige Lerchen sangen schwirrend in der klaren Luft. Und so zogen die Glücklichen fröhlich durch die überglänzten Auen in das blühende Mailand hinunter.« (S. 49)

Die Natur als Kulisse

Wenn die Handlung auch auf eine Stadt fokussiert ist, so beherrschen doch gleichsam ständig und überall Naturbilder den Hintergrund des Geschehens. Mit stereotypen Formulierungen wie »draußen spielten die letzten Abendlichter golden auf dem Rasen und dem Flusse« (S. 6) oder »[d]raußen war […] die Gegend schon stiller geworden und feierlich« (S. 8) lenkt der Erzähler den Blick des Betrachters gerne auf die Außenwelt einer weitläufigen Szenerie von Wäldern, Bergen, Flüssen und Blumen: »[Florio] sprang von seinem Bett und öffnete das Fenster. Das Haus lag am Ausgange der Stadt, er übersah einen weiten stillen Kreis von Hügeln, Gärten und Tälern, vom Monde klar beschienen.« (S. 14)

Der Horizont des Sehens erstreckt sich auch über die umgebende Naturlandschaft hinaus auf Sterne, die »klar am Himmel« (S. 23) stehen, und auf eine »Sonne[, die] schon tief hinabgesunken« (S. 35) ist oder soeben aufgeht und »ihre funkelnden Lichter über die Erde« (S. 47) wirft.

Ideelle Naturdarstellung

In der romantischen Literatur wird die Natur kaum jemals in realistischer oder gar naturalistischer Weise so wirklichkeitsnah wie möglich abgebildet, sondern sie wird in subjektiv gebrochenen Formulierungen wie »es war eine prächtig klare Sommernacht« (S. 41) fast immer als persönlicher Erlebnisraum kenntlich gemacht, so etwa auch in dem Satz: »Die Morgenröte erhob sich [...] immer höher und kühler über der wunderschönen Landschaft vor ihnen.« (S. 43) Durch eine Fülle von gefühlsbetonten Attributen erscheint insbesondere auch der Lustgarten der Liebesgöttin Venus als Sehnsuchtsort eines idealen Naturzustandes:

Mystische Verklärung

> »Sie waren noch nicht lange geritten, als sich der Palast mit seiner heitern Säulenpracht vor ihnen erhob, ringsum von dem schönen Garten, wie von einem fröhlichen Blumenkranz umgeben. Von Zeit zu Zeit schwangen sich Wasserstrahlen von den vielen Springbrunnen, wie jauchzend, bis über die Wipfel der Gebüsche, hell im Abendgolde funkelnd.« (S. 35 f.)

Dem oft überschwänglichen Pathos des Erzählers angesichts der überwältigenden Schönheit der buntfarbigen und hellen, lichten Natur entspricht in der schauerromantischen Version die Betonung von Furcht und Angst gegenüber der dunklen und düsteren Seite der Außenwelt. Florio kehrt »sichtbar verstört« (S. 16) in seine Unterkunft in Lucca zurück, nachdem er die teuflische Verwandlung des Venusbildes innerhalb einer gespenstisch anmutenden nächtlichen Umgebung am Ufer eines Weihers erfahren hat. Die Gefahr, die von der unheimlichen Welt der Liebesgöttin ausgeht, kündigt sich durch eine schwüle Hitze an (S. 19). Auf dem Höhepunkt seiner drama-

Schauerromantik

tischen Begegnung mit der Dame Venus in deren Schloss erblickt Florio »an dem Fenstergesimse Gras und einzelne Büschel von Kräutern wie auf altem Gemäuer. Eine Schlange fuhr zischend daraus hervor und stürzte mit dem grünlichgoldenen Schweife sich ringelnd in den Abgrund hinunter« (S. 40).

Unverkennbar enthält diese Beschreibung Anspielungen auf den alttestamentlichen Mythos des Sündenfalls im Garten Eden.

Zeichenhaftigkeit der Natur

In den epischen und lyrischen Texten von Eichendorff erscheinen die zahlreichen Naturbilder als Ausdruck einer transzendenten Wirklichkeit. Seien es der Mikro- und Makrokosmos, die Jahres- und Tageszeiten oder die wilde bzw. die kultivierte Natur – sie stehen in der Kunst der Romantik nicht für eine objektiv fassbare Wirklichkeit, sondern sie repräsentieren ein über diese hinausweisendes Zeichensystem, das dem Menschen Verheißung, Menetekel oder Rätsel ist. »Die Gegend draußen« (S. 34), so heißt es, als der verblendete Florio die unglückliche Bianka in Erwartung der »schönen Herrin des Schlosses« (S. 37) verlässt, »lag unkenntlich und still wie eine wunderbar verschränkte Hieroglyphe im zauberischen Mondschein« (S. 34). An anderer Stelle lehnt Florio die Teilnahme an einer Jagd in frommer Deutung der sonntäglichen Natur ab: »Wie da draußen alle Arbeit rastet, und Wälder und Felder so geschmückt aussehen zu Gottes Ehre, als zögen Engel durch das Himmelblau über sie hinweg – so still; so feierlich und gnadenreich ist diese Zeit!« (S. 24 f.)

Ein besonderes Beispiel dafür, dass Fauna und Flora nicht bloß Abbild, sondern stets vor allem Sinnbild einer über sich selbst hinausweisenden Natur sind, ist das Motiv der Blume, die in Eichendorffs Novelle in unterschiedlichen Kontexten auftaucht. Abgesehen von dem Blumenkranz als Schmuck der Frau und als Inbegriff von Schönheit, Jugend und Leben (vgl. hierzu S. 35 ff.) verweisen etwa »große seltsame Blumen« (S. 20) oder »buntglühende[], wunderbar ineinander verschlungene[] Blumen« (S. 20) auf eine exotische und zugleich magische Dimension der Realität.

■ Naturbilder als poetische Kodierungen

Mit dem Begriff der »Wunderblume« (S. 16) kommt eine Metapher zur Bezeichnung der Venus ins Spiel. Deren besonderes florales Attribut ist die Rose, der im Frühlingslied der Lautenspielerin unzweideutige Ausdrucksformen des Erotischen zugesprochen werden: »Die Rose seh ich gehn aus grüner Klause / Und, wie so buhlerisch die Lüfte fächeln, / Errötend in die laue Flut sich dehnen.« (S. 21)

■ Symbolischer Gehalt der Rose

Der natürliche Lebensraum des Menschen ist in der romantischen Literatur oft auch Gefühls- und Seelenraum des Ich. In der positiven oder negativen Darstellung der Welt spiegelt sich die innere Verfassung der Handlungsträger. In einer seiner wenigen auktorialen Einschübe stellt der Erzähler diesen Zusammenhang in einem irrealen Vergleichssatz ausdrücklich her: »Es kommt nach allen heftigen Gemütsbewegungen, die unser ganzes Wesen durchschüttern, eine stillklare Heiterkeit über die Seele, gleich wie die Felder nach

■ Einheit von Mensch und Natur

einem Gewitter frischer grünen und aufatmen.« (S. 48)

In Abhängigkeit von ihrer seelischen Verfassung wird ein identischer Naturraum von unterschiedlichen Personen auch in gegensätzlicher Weise empfunden. Während Florio den Garten der Liebesgöttin mit extremen Gefühlen von Lust und Panik verbunden hat, betont Fortunato, dass ihm dort nichts »Erschreckliches« widerfahren sei. Er habe, so antwortet er dem verblüfften Florio auf dessen Frage hin, wie er die Schlossruine und deren Umgebung erlebt habe, nichts gesehen »als den stillen Weiher und die weißen rätselhaften Steine im Mondlicht umher und den weiten unendlichen Sternenhimmel darüber« (S. 47).

Musik, Lieder und Tänze

Die gesamte Handlung wird – ganz im Sinne der romantischen Literatur – durch vielfältige Formen der musikalischen, gesanglichen und tänzerischen Begleitung bestimmt. Mehrere Akteure, so vor allem die Sänger und Gitarrenspieler Florio und Fortunato sowie die sogenannte Griechin mit der »liebliche[n] Stimme« (S. 28) und »die schöne Lautenspielerin« (S. 21) im Lustgarten, tragen mit ihren Liedern dazu bei, dass die Novelle den Eindruck einer universalpoetischen Komposition aus Tonkunst und Literatur erweckt.

■ Leitmotiv

Eine fortwährende Klangkulisse bildet den Hintergrund der Ereignisse. Bei seiner Ankunft in Lucca entdeckt Florio »ein fröhlich-schallendes Reich von Mu-

■ Narrativer Klangteppich

sik« (S. 4), und er vernimmt »[v]ersteckte Musikchöre«, die, wie es heißt, »von allen Seiten aus den blühenden Gebüschen« (S. 4) ›erschallen‹. Immer wieder vermitteln Begriffe wie ›schallen‹, ›hallen‹, ›nachhallen‹ innerhalb der Novelle den Eindruck einer tönenden Welt des schönen Klangs.

Lyrische Einlagen

Der Prosatext schließt insgesamt neun mehr oder weniger lange lyrische Texte ein, die von Florio (3), Fortunato (3) sowie von der Lautenspielerin (1) und von der Griechin (1) vorgetragen werden. Den Wendepunkt der Handlung zu einem glücklichen Ende hin bezeichnet die Liedstrophe eines »Gärtner[s]« auf dem mutmaßlichen Grundstück des Ritters Donati: »Vergangen ist die finstre Nacht, / Des Bösen Trug und Zaubermacht, / Zur Arbeit weckt der lichte Tag; / Frisch auf, wer Gott noch loben mag!« (S. 42)

Multifunktion der Gedichte

Wie dieser Gesangstext, so spiegeln auch die anderen den Fortgang der Ereignisse (»Die Klänge verrinnen, / Es bleichet das Grün […]«, S. 9) und die unterschiedlichen Empfindungen der Personen (»Und fröhlich greif ich in die Saiten […]«, S. 15). Sie beschreiben Naturzustände (»Wenn Frühlingslüfte wehen / Hold übern grünen Plan […]«, S. 44) und vermenschlichen sie (»Verwirrend durch die Bäume / Gehn Stimmen hin und her […]«, S. 44). Wiederholt enthalten sie christliche Motive (»Ein Kindlein in den Armen / Die Wunderbare hält […]«, S. 46) und nehmen den Charakter von Gebeten an (»Hier bin ich, Herr! Gegrüßt das Licht […]«, S. 47).

Eine zentrale Eigenschaft einzelner Lieder besteht

in ihrer erotischen Verführungsmacht. Kaum hat Florio nach seinem Eintreffen in Lucca »herzlich bewegt« (S. 7) von seiner Einsamkeit gesungen (»Jeder nennet froh die Seine, / Ich nur stehe hier alleine […]«, S. 7), so lässt »[s]eine schöne Nachbarin« es »willig geschehen«, dass er »sie schnell auf die roten heißen Lippen« (S. 7) küsst. In einem Traum klingt außerdem der Gesang des »schöne[n] Mädchen[s] mit dem Blumenkranze« für Florio »so wunderbar, traurig und ohne Ende«, dass er meint, er müsse »vor Wehmut untergehen« (S. 14). Weniger melancholisch als vielmehr zerstörerisch und existenziell bedrohlich erscheint der Gesang, der im »stillen Garten [der Venus]« (S. 39) bei Florio einen starken Eindruck hinterlässt: »Die Gewalt dieser Töne hatte seine ganze Seele in tiefe Gedanken versenkt, er kam sich auf einmal hier so fremde wie aus sich selber verirrt vor.« (S. 40)

Musik als Herrschaftsinstrument

Ausdrücklich stellt der Erzähler an verschiedenen Stellen einen Zusammenhang mit den »Sirenen« (S. 14) her, bizarren Mischgestalten aus Vogel und Frau, die in der antiken griechischen Mythologie durch ihren Gesang eine tödliche Gefahr für die Zuhörer heraufbeschwören. Nur durch äußerste Selbstdisziplin und durch taktische Manöver gelingt es beispielsweise Odysseus, sich auf seiner Seereise vor dem vernichtenden magischen Bann der Musik dieser Inselbewohnerinnen zu schützen.

Musik als Auslöser von Selbstentfremdung

Wie Odysseus, der sich an den Schiffsmast fesseln lässt, um die Kontrolle über sich selbst und seine Triebe zu bewahren, so wehrt Fortunato sich im ›Tempelbezirk‹ der Venus gegen deren Anfechtungen durch das Anstimmen eines »alte[n] fromme[n] Lied[es]« (S. 47). Es handelt sich offenbar um dasselbe Lied, das Florio vernimmt, als er sich mit im innersten Tempelbezirk der heidnischen Liebesgöttin befindet (S. 38).

■ Schutzfunktion des ›frommen Liedes‹

Als Florio erstmals das Marmorbild erblickt, erscheint es ihm, als ob »Leben wie ein lieblicher Gesang erwärmend durch die schönen Glieder« (S. 16) ›heraufblühe‹. Bei einer späteren Wiederbegegnung mit dem »schönen Venusbilde« (S. 17) vernimmt er ein ihn betörendes Natur- und Liebeslied aus dem Mund der Lautenspielerin, das mit suggestiven Versen die Schönheiten und Reize des erwachenden Lebens thematisiert: »Was weckst du, Frühling, mich von neuem wieder? / Dass all die alten Wünsche auferstehen, / Geht übers Land ein wunderbares Wehen. / Das schauert mir so lieblich durch die Glieder.« (S. 21) Wenig später wird Florio der »melodische Klang ihrer Stimme […] durch die Seele« (S. 30) ›dringen‹. Von dem »Mädchen […] in griechischem Gewande« (S. 26) hört Florio ein ähnlich romantisches Lied voller Andeutungen auf verbotene sinnliche Freuden in der Nacht.

■ Überwältigung

Die Natur selbst erscheint in der poetischen Metaphorik der Novelle als personifizierte Quelle der Musik, wenn von dem ›lustigen‹ Gesang »unzählige[r] Vögel […] im Walde« (S. 19), von dem »fast schluchzend[en]« (S. 20) Gesang einer Nachtigall, von »dem gewaltigern Nachtgesange der Ströme und Wälder« (S. 11) die Rede ist. In dem überbordend positiven und

■ Omnipräsenz der Musik

optimistischen Schlussbild der Handlung heißt es, dass am Morgenhimmel »unzählige Lerchen [...] schwirrend in der klaren Luft« (S. 49) sangen.

Motiv der Stille

Immer wieder unterbrechen kurze Momente oder längere Phasen der »Stille« den Gang der Ereignisse. Nach seinem ersten Liedvortrag, so heißt es beispielsweise, »war [Fortunato] still und alle die übrigen auch, denn wirklich draußen waren nun die Klänge verronnen und die Musik, das Gewimmel und alle die gaukelnde Zauberei nach und nach verhallend untergegangen« (S. 11).

■ Absage an den Lärm der Welt

Wenn am Ende einer durchfeierten Nacht »endlich Haus, Stadt und Feld in tiefe Stille« (S. 13 f.) versinken, so markiert diese Ruhe das Ende des Lärms der Menschen. Das Schweigen ist nicht nur, wie im Falle Biankas, die sich oft »still und schüchtern« (S. 6) verhält, Ausdruck einer schönen Seele, sondern auch Manifestation von Innerlichkeit und Tiefe, die an die Stelle von Äußerlichkeit und Oberflächlichkeit treten. Nachdem Fortunato in seinem dritten und letzten Lied den Sieg des Marienbildes über das heidnische Bild der Liebesgöttin besungen hat, verharren alle Zuhörer in Stille (S. 46).

■ Ambivalenz der Geräuschlosigkeit

Zugleich jedoch erzeugt die »grenzenlose[] Stille« des Venusbildes bei Florio »[e]in nie gefühltes Grausen« (S. 16), da sie auch mit dem Tod assoziiert wird. Schon beim Zugang zum Traumreich der Liebesgöttin verstärkt sich dessen labyrinthischer Effekt durch das ›Schweigen der Vögel‹ und durch die ›Stille der Hügel‹. Die nähere Umgebung des Venuspalastes ist dadurch bestimmt, dass hier überall »tiefe Stille herrschte« (S. 20).

7. Autor und Zeit

Biographische Übersicht

1788 10. März: Joseph Karl Benedikt Freiherr von Eichendorff wird auf Schloss Lubowitz nahe der schlesischen Stadt Ratibor (heute Polen, damals zu Preußen gehörig) geboren. Er ist das zweite von insgesamt sieben Kindern der Eheleute Karoline geb. Freiin von Kloch (1766–1822) und Adolf Theodor Rudolf Freiherr von Eichendorff (1756–1818).

1801 Zahlungsunfähigkeit des Vaters, eines ehemaligen preußischen Offiziers, der den Familienbesitz durch riskante Immobilien- und Spekulationsgeschäfte so ruiniert, dass er schließlich vor den Gläubigern fliehen muss. Konkurs und Vermögensverlust erfordern eine Schul- und Universitätsausbildung der Söhne, um deren berufliche und finanzielle Zukunft zu sichern.

1801–1804 Besuch des katholischen Matthias-Gymnasiums in der schlesischen Stadt Breslau, die heute nach Warschau, Krakau und Łódź die viertgrößte Stadt der Republik Polen ist.
Während der Schulzeit geht Eichendorff oft ins Theater und wirkt an Aufführungen des Schülertheaters mit. Ein Tagebuch und erste Gedichte verraten jugendliche Liebesabenteuer.

1805 Aufnahme eines rechtswissenschaftlichen Studiums in Halle an der Saale. Die Universität wird geschlossen, nachdem die napoleonischen Truppen am 14. Oktober 1806 in der Doppelschlacht bei Jena und Auerstedt den Sieg über die preußische Armee erlangt haben.

1807 Fortführung des Jurastudiums in Heidelberg und erste Kontakte mit Vertretern der sogenannten Heidelberger Romantik.

1808 Bildungsreise nach Paris und Wien sowie Rückkehr nach Lubowitz, wo der Student seinen Vater bei der Verwaltung der Güter unterstützt. Niederschrift des Gedichts *Lied*:

In einem kühlen Grunde
Da geht ein Mühlenrad
Meine Liebste ist verschwunden,
Die dort gewohnet hat.

Sie hat mir Treu versprochen,
Gab mir ein'n Ring dabei,
Sie hat die Treu' gebrochen,
Mein Ringlein sprang entzwei.

Ich möcht als Spielmann reisen
Weit in die Welt hinaus,
Und singen meine Weisen,
Und gehn von Haus zu Haus.

Ich möcht als Reiter fliegen
Wohl in die blutge Schlacht,

Abb. 9: Eichendorff als junger Mann. Gemälde (1899) von Emil Krupa- Krupinski (1872–1924) nach einer Miniatur von Joseph Raabe aus dem Jahr 1809

Um stille Feuer liegen
Im Feld bei dunkler Nacht.

Hör ich das Mühlrad gehen:
Ich weiß nicht, was ich will –
Ich möcht am liebsten sterben,
Da wär's auf einmal still.[29]

Bis zu seinem Lebensende veröffentlicht Eichendorff, der heute als einer der bedeutendsten Dichter der deutschen Romantik gilt, eine sehr große Zahl von lyrischen Texten, darunter *Abschied, Der Abend, Die zwei Gesellen, Frische Fahrt, Im Abendrot, Mondnacht* und *Sehnsucht.*

29 Joseph von Eichendorff, *Gedichte*, hrsg. von Peter Horst Neumann in Zsarb. mit Andreas Lorenczuk, Stuttgart 1997 (Reclams Universal-Bibliothek Nr. 7925), S. 9.

Bis heute sind 5000 Vertonungen seiner Gedichte entstanden.

1809 Eichendorff verlobt sich gegen den Willen seiner Eltern mit der späteren Ehefrau Aloysia (Luise) von Larisch (1792–1855) und lernt in Berlin die Schriftsteller Achim von Arnim, Clemens Brentano und Heinrich von Kleist kennen.

1810 Abreise nach Wien, wo Joseph und sein Bruder Wilhelm (1786–1849) bis April 1813 bleiben und ihr Jurastudium abschließen.

1813 Eichendorff nimmt bis 1815 an den Befreiungskriegen gegen die napoleonische Herrschaft teil.

1815 *Ahnung und Gegenwart*, umfangreicher Reise- und Bildungsroman mit ausgeprägt romantischen Zügen.

Heirat mit Louise von Larisch.

1816 Eintritt in den preußischen Staatsdienst als Rechtsreferendar in Breslau.

1817 Fertigstellung der Novelle *Das Marmorbild.*

Florio, der Held in *Das Marmorbild*, lässt sich auf der biographischen Ebene als ein Double des Autors Joseph von Eichendorff erkennen, denn »[t]atsächlich dient die Arbeit am *Marmorbild* Eichendorff dazu, ›mit sich selbst ins Reine‹ zu kommen. Wie der junge Dichter Florio sich zwischen der blendenden Venus und der lieblichen Bianka entscheiden muß, so endlich auch der seit 1815 verheiratete Eichendorff zwischen

wirklichen oder fantasierten Frauengestalten und seiner Frau Louise von Larisch, die ihm bereits zwei Kinder geschenkt hat«.[30]
Für Karl Hanß ist die Novelle *Das Marmorbild* ein biographisch motivierter Ausdruck für die literarische Flucht des Autors aus der persönlich als beengend erfahrenen juristischen Arbeitswelt in die imaginäre »Vergangenheit des vermeintlich harmonischen Mittelalters«. Zugleich, so Hanß, bemerkt der Dichter »sehr wohl auch, dass er damit der Realität nicht standhält, [sondern] ihr in eine Welt der Poesie, der Träume entflieht.«[31]

1818 Nach dem Tod des Vaters am 27. April erfolgt der Verkauf der meisten Familienbesitztümer, um die Schulden abzutragen.

1818 *Das Marmorbild* erscheint in Fouqués *Frauentaschenbuch für das Jahr 1819*.

1821 Tätigkeit als katholischer Kirchen- und Schulrat in Danzig.

1822 Tod der einjährigen Tochter Agnes sowie Tod von Eichendorffs Mutter.
Verkauf des Schlosses Lubowitz.

1824 bis 1831: Oberpräsidialrat in Königsberg.

30 Günther Schiwy, *Eichendorff. Der Dichter und seine Zeit. Eine Biographie*, München 2000, S. 443.

31 Karl Hanß, *Joseph von Eichendorff. »Das Marmorbild« / »Aus dem Leben eines Taugenichts«*, 2., überarb. und korr. Aufl., München 1996, S. 16.

1826 Die Novelle *Aus dem Leben eines Taugenichts* erscheint.

1831 Die Familie zieht nach Berlin um, wo Eichendorff bis 1844 in verschiedenen Ministerien beschäftigt ist.

1832 Tod der eineinhalbjährigen Tochter Anna Hedwig.

1837 Die Novelle *Das Schloß Dürande* erscheint: die vorrevolutionäre Geschichte einer tödlich endenden Liebesbeziehung zwischen einem Adligen und einer Nicht-Adligen.

1841 Ernennung zum Geheimen Regierungsrat.

1843 bis 1844: Berufstätigkeit in Danzig.

1844 Eichendorff geht in den Ruhestand.

1855 Übersiedlung nach Neisse, wo Eichendorffs Tochter Marie Therese verheiratet ist. Am 3. Dezember stirbt Eichendorffs Frau Luise.

1857 26. November: Eichendorff stirbt in Neisse/Oberschlesien.

8. Rezeption

Zu dem Zeitpunkt, als das Manuskript der Novelle *Das Marmorbild* abgeschlossen ist, ist Joseph von Eichendorff juristischer Referendar in Breslau, der Hauptstadt der damaligen preußischen Provinz Schlesien.

In einem Brief an den romantischen Dichter Friedrich de la Motte Fouqué (1777–1843) äußert der 29-Jährige am 2. Dezember 1817 – zumindest nach außen hin – Bedenken hinsichtlich der literarischen Qualität seiner neuen Novelle. Er wirkt erleichtert, als der Angeschriebene sich sofort bereit erklärt, den Text in seinem *Frauentaschenbuch für das Jahr 1819* zu veröffentlichen[32].

Ablehnende Stimmen von Zeitgenossen

Unmittelbar nach der Veröffentlichung im Jahre 1818 reagieren mehrere Rezensenten negativ. Sie bezeichnen die Novelle als »hirnlose[n] Teufelspuk«, der »mit Mondscheinduft und Lilienklang verwebt«[33] sei, als ein Werk, bei dem man sich nach dem Lesen »nur zerstreut und betäubt«[34] fühle. Eher abwertend ist auch die folgende Kritik zu verstehen:

> Es handelt sich bloß um »die alte Mähre von der Frau Venus, die im Berge Hof hält, und junge Män-

32 Vgl. Schiwy (s. Anm. 30), S. 441 f.

33 Zitiert nach: Schiwy (s. Anm. 30), S. 442.

34 *Zeitung für die elegante Welt*, Leipzig, 15. Oktober 1818, zitiert nach: Günter Niggl / Irmgard Niggl, *Joseph von Eichendorff im Urteil seiner Zeit I. Dokumente 1788–1843*, Berlin [u. a.] 1975, S. 93.

ner verlockt, und in's Verderben reißt. Hier verstellt sie sich in mancherlei Gestalten, und geht es dabei ganz verwunderlich her. Wer das Phantastische liebt, wird es mit Vergnügen lesen.«[35]

Positive Stimmen von Zeitgenossen

Positive Stimmen sehen in *Das Marmorbild* etwa »ein phantastisches Gemälde in reicher Farbenpracht«[36], so dass insgesamt der Eindruck entsteht, dass der Text über seine Bewertung als eines handwerklich gekonnten, ansonsten aber eher trivialen und nicht mehr zeitgemäßen Produkts der Literatur kaum hinausgelangt. Das »sinnbildliche Bedeutungspotential«, so meint daher auch der Literaturwissenschaftler Paul Mog, sei in der ersten Zeit der Rezeption »weitgehend nicht angeeignet«[37] worden. Mog begründet diesen Sachverhalt mit den »mangelnden bildungsmäßigen Voraussetzungen« sowie mit dem »Schrumpfen einer bereits in den ersten Jahrzehnten des 19. Jahrhunderts nicht mehr selbstverständlichen Religiosität«, die

35 *Journal für Literatur, Kunst, Luxus und Mode, Weimar*, Januar 1819, zitiert nach: Günter Niggl / Irmgard Niggl, *Joseph von Eichendorff im Urteil seiner Zeit I. Dokumente 1788–1843*, Berlin [u. a.] 1975, S. 94.

36 *Abend-Zeitung*, hrsg. von Johann Friedrich Kind und Theodor Hell, Dresden, 27. Oktober 1818, zitiert nach: G. Niggl / I. Nigg (s. Anm. 35), Berlin [u. a.] 1975, S. 93.

37 Paul Mog, »Aspekte der ›Gemüterregungskunst‹ Joseph von Eichendorffs. Zur Appellstruktur und Appellsubstanz affektiver Texte«, in: *Literatur und Leser. Theorien und Modelle zur Rezeption literarischer Werke*, hrsg. von Gunter Grimm, Stuttgart 1975, S. 196–207, hier S. 204

»den gedanklichen Bezugsrahmen des Werks kaum in Kraft treten«[38] lassen.

Moderne Rezeption

Die moderne Literaturwissenschaft stellt die unverkennbar religiösen Elemente in Eichendorffs *Das Marmorbild* in den kulturgeschichtlichen Kontext christlicher Überlieferungen mit ihren besonderen Themen und Motiven. Dazu zählen der Menschheitstraum vom verlorenen Paradies, die Gegenüberstellung von irdischem Diesseits und himmlischem Jenseits, das Ringen um ein gottgefälliges, sündenfreies Leben.

Christlich-moralische Auslegung

Andere Interpretationen sehen in den erzählerischen Aspekten – von frommem Gottvertrauen (Fortunato) und dämonischer Verbundenheit mit dem Satan (Donati), von jungfräulicher Unschuld (Bianka) und teuflischer Verführung (Venus) – den psychologisch bedeutsamen Ausdruck einer Auseinandersetzung des Ich mit bestimmten Herausforderungen des menschlichen Daseins (vgl. hier S. 67). Kategorien wie Selbstentfremdung und Identitätsfindung, Traum und Trauma, Unterbewusstsein und Bewusstsein, Affektkontrolle und Ersatzbefriedigung sowie der Übergang vom Kind zum Erwachsenen mögen hier nur einige Hinweise sein, um Eichendorffs Novelle als entwicklungspsychologisches Drama zu lesen.

Psychologische Auslegung

Eine weitere Lesart konzentriert sich auf die Frage des angemessenen Umgangs mit Natur und Gefühl in

Poetologische Auslegung

38 Ebenda.

der romantischen Literatur. Demnach repräsentiert der Dichter und Sänger Florio die Verabsolutierung der Fantasie, die ihn in die künstlerische Irre führen würde, wenn nicht Fortunato ihn auf den rechten Weg bringen würde. Dieser andere Dichter und Sänger besingt in seinen Liedern den religiösen Geist der Klarsicht und der Maßhaltung.

9. Prüfungsaufgaben mit Lösungshinweisen

Aufgabe 1: Analyse eines Textauszugs aus *Das Marmorbild*

Arbeitsauftrag 1: Untersuche den Ausschnitt S. 32, Zeile 28 (»Fortunato drang nicht weiter in den Jüngling […]«), bis S. 34, Zeile 30 f. (»Dann lehnte sie die Stirn an das kalte Geländer und weinte aus Herzensgrunde«), im Hinblick auf die Darstellung der Menschenfrau Bianka.

Lösungshinweise

- Bianka ist die positive weibliche Gegenfigur zu der undurchschaubaren und unberechenbaren Gestalt der verführerischen Venus. Während diese ihre vollkommen erscheinende körperliche Schönheit als Instrument einsetzt, mit dem sie ihre dunkle, teuflische Seite zur Geltung bringen und über die Menschen eine dämonische Macht erringen kann (dies zumindest aus der Sicht einer sexual- und frauenfeindlichen Grundhaltung), verkörpert jene die absolute Reinheit körperlicher, seelischer und moralischer Integrität.
- Der Textauszug handelt im weitesten Sinne von den Ursachen und Folgen einer unerfüllten Liebe.
- Über Bianka erfährt der Leser aus dem Munde des Erzählers lediglich,
  - dass sie Florio bereits zuvor in der anmutigen Ge-

stalt einer blumenbekränzten Ballspielerin begegnet ist,
- dass sie die Nichte eines vermögenden Mannes ist; ansonsten bleiben die familiären und sozialen Hintergründe der jungen Frau im Dunkeln,
- dass ihr körperliches Erscheinungsbild sehr attraktiv ist (»schöne[] Locken«, »zierliche[r] Hals«, S. 33),
- dass sie sehr zurückhaltend und sensibel ist: Sie scheint »ganz verschüchtert, als er [Florio] sich ihr näherte, und wagte es kaum zu ihm aufzublicken« (S. 33). Stattdessen schlägt sie »errötend die Augen nieder« (S. 33), als sie »die Rose an seiner Brust« bemerkt, »welche er von der Griechin erhalten« (S. 33) hat.

- Die vorliegende Szene erzählt von dem Zauber, den sie mit ihrer Natürlichkeit und ihrem Liebreiz auf Florio ausübt, zugleich aber auch davon, dass dieser bei ihrem Anblick von einer starken Sehnsucht nach einer anderen Frau erfüllt ist.
- Nachdem er daher »schnell Abschied« (S. 34) genommen hat, bleibt sie bis zum Morgengrauen völlig vereinsamt zurück (»Bianka aber saß noch lange auf der Terrasse oben. Alle andern hatten sich zur Ruhe begeben«, S. 34).
- In einer extremen auktorialen Perspektivierung dieser Situation vergegenwärtigt der Erzähler die brutale Desillusionierung des Mädchens, dem Florio zuvor noch in einem Traumbild als »künftiger Bräutigam« (S. 34) erschienen war.
- Zunächst in der Form der erlebten Rede und dann in der

Form der personalen Erzählsituation erhält der Leser anschließend einen mehr oder weniger direkten Einblick in die aufgewühlte Seelenlage der verzweifelten Frau: » – Nun war alles Lüge, er war ja so zerstreut, so kalt und fremde! – Sie zerpflückte die trügerischen Blumen, die sie bis jetzt wie einen Brautkranz aufbewahrt. Dann lehnte sie die Stirn an das kalte Geländer und weinte aus Herzensgrunde.« (S. 34) Dies ist der berührende Moment einer persönlichen Katastrophe, die den Höhepunkt einer Zerstörung der Hoffnung auf ein Liebes- und Lebensglück markiert. Dabei bezeichnet die Metapher »[sie] weinte aus Herzensgrunde« eine überbordende Emotionalität, die in einem direkten Kontrast zu der Frivolität des Marmorbildes steht.

- Zwischen der Wiedergabe der affektiv aufgeladenen Wiederbegegnung von Bianka und Florio und der Trennung der beiden enthält der Textauszug eine unvermittelte Bewusstmachung des zentralen Konflikts. Bianka benennt in einer schauerromantischen Vision die zerstörerische Gefahr, die von einer sexuellen Enthemmung des Menschen ausgehen mag:

»Seht nur, die Wolken gehn oft so schreckhaft wechselnd über den Himmel, dass man wahnsinnig werden müsste, wenn man lange hineinsähe, bald wie ungeheure Mondgebirge mit schwindlichen Abgründen und schrecklichen Zacken, ordentlich wie Gesichter, bald wieder wie Drachen, oft plötzlich lange Hälse ausstreckend, und drunter schießt der Fluss heimlich wie eine goldne Schlange durch das Dunkel, das weiße

Haus da drüben sieht aus wie ein stilles Marmorbild –« (S. 33).

- Das von Bianka evozierte Horror-Szenario enthält sowohl Bilder einer bedrohlichen Natur als auch mythologische (»Drachen«) und biblische Motive (»Schlange«) zur Bezeichnung einer Welt, inmitten derer das »Marmorbild« Symbol einer entmenschten und unmenschlichen Realität ist.

Aufgabe 2: Vergleichende Analyse und Interpretation

Arbeitsauftrag 2: Die Venus-Thematik steht auch im Zentrum von Eichendorffs Gedicht *Die zwei Gesellen* aus dem Jahre 1818, dessen ursprünglicher Titel *Die Frühlingsfahrt* lautete.

1. Analysiere das Gedicht.
2. Vergleiche das Gedicht *Die zwei Gesellen* mit der Novelle *Das Marmorbild* im Hinblick auf das Thema des existenziellen Scheiterns.

Frühlingsfahrt

Es zogen zwei rüstge Gesellen
Zum ersten mal von Haus
So jubelnd recht in die hellen
Klingenden, singenden Wellen
Des vollen Frühlings hinaus.

Die strebten nach hohen Dingen,
Die wollten, trotz Lust und Schmerz,
Was Rechts in der Welt vollbringen,
Und wem sie vorübergingen,
Dem lachten Sinnen und Herz. –

Der erste, der fand ein Liebchen,
Die Schwieger kauft' Hof und Haus;
Der wiegte gar bald ein Bübchen,
Und sah aus heimlichem Stübchen
Behaglich ins Feld hinaus.

Dem zweiten sangen und logen
Die tausend Stimmen im Grund,
Verlockend' Sirenen, und zogen
Ihn in der buhlenden Wogen
Farbig klingenden Schlund.

Und wie er auftaucht' vom Schlunde,
Da war er müde und alt,
Sein Schifflein das lag im Grunde,
So still war's rings in die Runde,
Und über die Wasser weht's kalt.

Es singen und klingen die Wellen
Des Frühlings wohl über mir;
Und seh ich so kecke Gesellen,
Die Tränen im Auge mir schwellen –
Ach Gott, führ uns liebreich zu Dir![39]

39 Eichendorff, *Gedichte* (s. Anm. 29), S. 61 f. – In manchen Ausgaben hat dieses Gedicht auch den Titel *Die zwei Gesellen*.

Lösungshinweise

Aufgabe 1

- **Thema:** Moralisch-belehrende Gegenüberstellung von tugend- und sündhaftem Leben in der Doppelgestalt zweier Menschen, die ihr Dasein jeweils dem Realitäts- beziehungsweise dem Lustprinzip unterordnen.
- **Inhalt:** Wie in einer Ballade erzählt das Gedicht vom existenziellen Gelingen und Scheitern zweier junger Männer, die voller Idealismus ins Leben aufbrechen: Während der eine mit der Gründung einer Familie und mit der Bewirtschaftung eines Bauernhofs ein bürgerlich-agrarisches Leben in enger Verbundenheit mit der Natur aufnimmt, zerstört der andere sich selbst, indem er sich zum Sklaven seiner eigenen Triebnatur machen lässt. In einem gebetartigen Schluss wendet sich das lyrische Ich im letzten Vers an Gott mit der Bitte um dessen Gnade.
- **Form:** 6 Strophen mit je 5 Versen; regelmäßiges Reimschema abaab mit analog männlichen (b) und weiblichen (a) Kadenzen; regelmäßiges dreihebiges Metrum mit Wechsel von Jambus und Daktylus.
- **Aufbau:**
  - Die ersten beiden Strophen beschreiben, wie die beiden »Gesellen« im Frühling von zu Hause fortgehen und in die Fremde ziehen. Sie sind euphorisch (»jubelnd«) und erscheinen in ihrem beiderseitigen Streben »nach hohen Dingen« und nach einem vorbildlichen Leben (»Die wollten […] / Was Rechts in der Welt vollbringen«) als positive Repräsentanten einer

Ausrichtung an einem geordneten und sinnerfüllten Leben. Ihr Tatendrang spiegelt sich in der Anapher »Die strebten […] / Die wollten […]«.

- Die dritte Strophe berichtet davon, dass der eine der beiden jungen Männer einen sozial konformen Lebensweg beschreitet, indem er mit seinem »Liebchen« Besitz erwirbt und für Nachkommen sorgt.
- Der selbstzufriedenen Attitüde dieses Gesellen, der »aus heimlichem Stübchen / Behaglich ins Feld hinaus[sieht]«, steht in der vierten und fünften Strophe der schuldhafte Selbstverlust des anderen gegenüber, der keine selbstbestimmte Existenz führt, sondern bis ins hohe Alter hinein fremden Mächten (»Verlockend' Sirenen«) unterworfen bleibt. Der wohnlichen Wärme des Hauses, in dem der erste Geselle lebt (Innenwelt), steht der kalte Wind der Außenwelt entgegen, der über dem untergegangenen »Schifflein« des zweiten Gesellen weht.
- Die sechste Strophe nimmt das Motiv des Frühlings aus der ersten Strophe wieder auf, um es religiös aufzuladen. Die Jahreszeit zwischen Winter und Sommer erscheint abschließend als symbolische Vorstufe der transzendenten Verheißung eines jenseitigen, himmlischen Glücks unter der Voraussetzung, dass der Mensch sich für ein gottgefälliges Leben entscheidet.

- **Inhaltliche Strukturen:**

Der antithetischen Struktur des lyrischen Textes mit seiner plakativen Gegenüberstellung von selbstgenügsamer Rechtschaffenheit und triebhafter Sündhaftigkeit entspricht diejenige der beiden jungen Männer, die konträre Lebensformen der Verweltlichung verkörpern. Es handelt sich bei ihnen um Figurationen der differenten Prinzipien von Chaos und Sicherheit: Während der eine dem Bedürfnis nach grenzenloser Freiheit und den Verführungen der Welt erliegt, bis er die Kontrolle über sein Handeln verliert, lenkt der andere sein Leben in geordnete Bahnen, indem er sich den Bedingungen von Familie, Besitz und Arbeit unterordnet.

Die auf materielle Sicherheit zielende Selbstbeschränkung in der Enge eines bürgerlichen Lebensvollzugs ist ironisch dargestellt, indem das lyrische Ich die Menschen und deren Mikrokosmos verniedlicht (»Liebchen«, »Bübchen«, »Stübchen«) und mit dem Begriff der ›Behaglichkeit‹ einen spießigen Zustand der Langeweile evoziert. Das Gedicht lässt durch diese sprachlichen Formen der Distanzierung von der Haltung des Biedermanns keinen Zweifel daran, dass der bewusste Verzicht auf risikobehaftete Grenzüberschreitungen hin zu einer größeren Persönlichkeitsentfaltung nicht der Königsweg zum Glück, sondern eine leere Illusion ist.

Auf der formalen Ebene entspricht dem einfältigen Realitätssinn des ersten Gesellen der Zeilenstil der fünf Verse, in denen – wie in einer Liste – die fortschreitende Anhäufung von bürgerlichen Attributen (»Liebchen« – »Hof und Haus« – »Bübchen« – »Stübchen« – Behaglichkeit) ihren monotonen Ausdruck findet.

Noch deutlicher als gegen das Leben des Philisters, das

in lediglich einer einzigen Strophe illustriert wird, wendet sich das lyrische Ich gegen die Verfehlungen desjenigen, der seine Freiheit verabsolutiert. Nicht im Ton der Ironie, sondern diesmal in einer metaphorischen Sprache der drastischen Abschreckung warnt das Gedicht in den zwei Strophen, die dem anderen Gesellen gelten, vor den Gefährdungen durch eine entfesselte Sexualität, durch die der Mensch vorübergehend in einen »[f]arbig klingenden Schlund« hinabgezogen wird, bis er am Ende »müde und alt« wieder »auftaucht'«. Die glitzernde Scheinwelt des Schönen, dargestellt im mythischen Bild der verführerischen Sängerinnen (Sirenen), enthüllt sich als unwahr (»Dem zweiten sangen und logen / Die tausend Stimmen im Grund«) und als abgründig tief. Wenn das »Schifflein«, sinnbildhafter Ausdruck der Lebensreise, »im Grunde« des »Wasser[s]« liegt, so markiert der Untergang den Tiefpunkt eines tragischen Schicksals im Spannungsfeld zwischen Maßlosigkeit und Selbstzerstörung.
Die erste und die letzte Strophe bilden den Rahmen des Gedichts, indem sie beide das Motiv des Frühlings enthalten. Zugleich unterscheiden sie sich im Hinblick auf die jeweilige Perspektivierung des Inhalts. Dem uneingeschränkten Optimismus der ersten Strophe, die von den frohen Erwartungen junger Menschen gegenüber dem bevorstehenden Leben berichtet, setzt das lyrische Ich in der sechsten Strophe mit dem Satz »Es singen und klingen die Wellen / Des Frühlings wohl über mir« mit dem einschränkenden Adverb »wohl« den Ton der Skepsis entgegen. Zugleich zeigt es

sich von der Naivität der Aufbruchsstimmung emotional aufgewühlt (»Und seh ich so kecke Gesellen, / Die Tränen im Auge mir schwellen«), weil es aus Erfahrung um die existenziellen Gefährdungen des individuellen Lebens weiß.

Aufgabe 2

Beide Texte, das Gedicht *Frühlingsfahrt* und die Novelle *Das Marmorbild*, wurden 1818 erstmals veröffentlicht; beide thematisieren die Gefährdung des Menschen durch ein Leben, das in erster Linie auf die Befriedigung von sinnlichen Bedürfnissen ausgerichtet ist. Die Darstellung beinhaltet sowohl die Ursachen (Verführung, Ich-Schwäche) als auch die Folgen (Sucht und Abhängigkeit, Verzweiflung und Angst, Schuldgefühle, Scham und Selbstentfremdung) eines fremdbestimmten Daseins.

Im Gedicht ist das Thema der Unterordnung des Menschen unter seine Triebnatur nur ein Teilaspekt. Das Schicksal des Mannes, der den Versuchungen der Welt erliegt, ist durch dasjenige eines anderen Mannes ergänzt, der in den engen Grenzen eines zwar arbeitsamen und produktiven, gleichwohl aber selbstgenügsamen Lebens keinen anderen Horizont kennt als die eng begrenzte Welt von Familie und Besitz. An beiden Figuren exemplifiziert das lyrische Ich geradezu modellhaft zwei unterschiedliche Grundhaltungen, die jedoch gleichermaßen ein unausgesprochenes Lebensideal verfehlen.

In der Novelle hingegen verdichtet sich diese Problematik auf eine einzelne Person, welche die Auseinandersetzung mit dem Bösen und Falschen als inneren Konflikt austrägt. Die dramatische Flucht vor der tödlichen Gefahr des Realitätsverlusts im Rausch der Fantasie und der Lustbefriedigung endet schließlich mit der Errettung des Helden, der nun in Begleitung einer ihn liebenden Frau »fröhlich durch die überglänzten Auen in das blühende Mailand hinunter[zieht]« (S. 49).

Die Wende hin zu einem glücklichen Leben verdankt sich dem Stoßgebet, mit dem der junge Mann in höchster Not Gott um Hilfe anfleht und sein Schicksal in dessen Hände legt. Auch in dem Gedicht findet sich eine religiöse Dimension, doch erfolgt die Hinwendung zu Gott hier nicht durch einen der beiden Akteure, sondern lediglich durch das lyrische Ich im Anschluss an deren direkte und indirekte Abwendung von Gott. Der Schlussvers »Ach Gott, führ uns liebreich zu dir!« gilt nicht mehr den beiden Gesellen, sondern dem Leser.

10. Literaturhinweise/Medienempfehlungen

Textausgaben

Joseph von Eichendorff: Sämtliche Werke. Historisch-kritische Ausgabe. Begründet von Wilhelm Kosch und August Sauer, fortgef. und hrsg. von Hermann Kunisch und Helmut Koopmann. Berlin [u. a.]: de Gruyter, 1908 ff. [*Das Marmorbild* in Bd. V/1.]

Joseph von Eichendorff: Werke in sechs Bänden. Hrsg. von Wolfgang Frühwald [u. a.]. Frankfurt a. M.: Deutscher Klassiker Verlag, 1985–93. [*Das Marmorbild* in Bd. 2.]

Joseph von Eichendorff: Sämtliche Erzählungen. Hrsg. von Hartwig Schultz. Bibliogr. erg. Ausg. Stuttgart: Reclam, 2012. (Universal-Bibliothek. 2352.)

Joseph von Eichendorff: Das Marmorbild. Novelle. Hrsg. von Lore Salomon. Stuttgart: Reclam, 2014. (Reclam XL. Text und Kontext. 19159.) – *Auf diese Ausgabe in modernisierter Rechtschreibung bezieht sich der vorliegende Lektüreschlüssel.*

Weiterführende Literatur

Begemann, Christian: Der steinerne Leib der Frau. Ein Phantasma in der europäischen Literatur des 18. und 19. Jahrhunderts. In: Aurora 59 (1999) S. 135–159.

Beutin, Wolfgang [u. a.]: Deutsche Literaturgeschichte. Von den Anfängen bis zur Gegenwart. 2., überarb. und erw. Aufl. Stuttgart 1984.

Des Knaben Wunderhorn. Alte deutsche Lieder. Gesammelt von Achim von Arnim und Clemens Brentano. Hrsg. von Willi Koch. Düsseldorf/Zürich 2001.

Hanß, Karl: Joseph von Eichendorff. *Das Marmorbild / Aus dem Leben eines Taugenichts.* 2., überarb. und korr. Aufl. München 1996.

Köhnke, Klaus: »Hieroglyphenschrift«. Untersuchungen zu Eichendorffs Erzählungen. Sigmaringen 1986. S. 50–71 (Kap. 3: Mythisierung des Eros: *Das Marmorbild*).

Korte, Hermann: Joseph von Eichendorff. Reinbek b. Hamburg 2000. (Rowohlts Monographien.)

Kunz, Josef: Eichendorff. Höhepunkt und Krise der Spätromantik. Darmstadt 1967.

Lurker, Manfred (Hrsg.): Wörterbuch der Symbolik. 5., durchges. und erw. Aufl. Stuttgart 1991.

Mog, Paul: Aspekte der ›Gemüterregungskunst‹ Joseph von Eichendorffs. Zur Appellstruktur und Appellsubstanz affektiver Texte. In: Literatur und Leser. Theorien und Modelle zur Rezeption literarischer Werke. Hrsg. von Gunter Grimm. Stuttgart 1975. S. 196–207.

Mrożek, Sebastian: Das Verführerische der romantischen Kunst. Zur Kritik der romantischen Kunstauffassung in Joseph von Eichendorffs *Das Marmorbild.* In: Silesia Nova. Zeitschrift für Kultur und Geschichte 1 (2007) S. 73–88.

Mudrak, Andreas: Joseph von Eichendorff. *Das Marmorbild.* Stuttgart 2008. (Reclams Universal-Bibliothek. 15389.)

Niggl, Günter / Niggl, Irmgard: Joseph von Eichendorff im Urteil seiner Zeit I. Dokumente 1788–1843. Berlin [u. a.] 1975. (Sämtliche Werke. Historisch-kritische Ausgabe. Bd. XVIII/1.)

Pikulik, Lothar: Die Mythisierung des Sexualtriebs in Eichendorffs Erzählung *Das Marmorbild*. In: L. P.: Signatur einer Zeitenwende. Studien zur Literatur der frühen Moderne von Lessing bis Eichendorff. Göttingen 2001. S. 166–176 und 218–219.

Polheim, Karl Konrad: Interpretation und Textgenese. Eichendorffs Gedichte »Götterdämmerung«. In: Edition als Wissenschaft. Festschrift für Hans Zeller. Hrsg. von Gunter Martens und Winfried Woesler. Tübingen 1991. S. 124–141.

Riedel, Volker: Antikerezeption in der deutschen Literatur vom Renaissance-Humanismus bis zur Gegenwart. Eine Einführung. Stuttgart/Weimar 2000.

Schiwy, Günther: Eichendorff. Der Dichter und seine Zeit. Eine Biographie. München 2000.

Stockinger, Ludwig: Poetische Religion – religiöse Poetik: Friedrich von Hardenberg (Novalis) und Joseph von Eichendorff. In: Wolfgang Braungart [u.a.] (Hrsg.): Ästhetische und religiöse Erfahrungen der Jahrhundertwenden. Hrsg. von Wolfgang Braungart [u. a.]. Bd. 1: Um 1800. Paderborn/München 1997. S. 167–186.

Tieck, Ludwig: Der getreue Eckart und der Tannhäuser. In: L. T.: Märchen aus dem »Phantasus«. Hrsg. von Walter Münz. Stuttgart 2003. (Reclams Universal-Bibliothek. 18240.) S. 52–86.

– Der Runenberg. In: L. T.: Märchen aus dem »Phantasus«. Hrsg. von Walter Münz. Stuttgart 2003. (Reclams Universal-Bibliothek. 18240.) S. 86–112.

Velten, Robert: Keusche Madonna – verführerische Venus. Die Frauen in Eichendorffs *Marmorbild.* Münster 2012. [Kindle-Edition.]

Wellershoff, Dieter: Double, Alter ego und Schatten-Ich. Schreiben und Lesen als mimetische Kur. In: D. W.: Das geordnete Chaos. Essays zur Literatur. Köln 1992. S. 27–56.

11. Zentrale Begriffe und Definitionen

Alter Ego: (lat.) ›anderes/zweites Ich‹; wissenschaftlicher Begriff für eine Kunstfigur, in welcher der Mensch einen Einzelaspekt seiner eigenen Person ausgestaltet. Als Stellvertreter oder Spielvariante des realen Ich enthüllt das *Alter Ego* in Literatur, Musik und Malerei die positiven (Sehnsüchte, Glücksgefühle usw.) oder negativen (Ängste, Minderwertigkeitskomplexe usw.) Seiten einer Identität. So können etwa eine Schriftstellerin oder ein Schriftsteller ihr Bedürfnis nach Stärke durch die Projektion einer Heldenfigur zum Ausdruck bringen.

➤ S. 33

Antiheld/Antiheldin: ➤ Held/Heldin.

➤ S. 28

Auktoriale Erzählsituation: ➤ Erzählsituation.

➤ S. 52

Autor/Autorin: allgemeine Bezeichnung für Verfasser von fiktionalen (literarischen) oder nicht-fiktionalen (sachbezogenen) Texten (lat. *auctor* ›Urheber, Schöpfer‹). Autor und Autorin sind im literaturwissenschaftlichen Sprachgebrauch von dem/der ➤ Erzähler/Erzählerin zu unterscheiden, die als fiktive (erdichtete) Gestalten in Werken erzählender Prosa zwischen den Lesern und den erzählten Zuständen und Vorgängen vermitteln. Die Novelle *Das Marmorbild* ist demnach zwar von dem Schriftsteller Joseph von Eichendorff verfasst, doch wird seine Geschichte von einem namenlosen ➤ Erzähler vorgetragen, der mit dem Autor nicht identisch ist.

➤ S. 7, 9

Ballade: Gedicht, das eine dramatische Handlung erzählt.

➤ S. 57 f., 100

Bild: In der erzählenden Literatur dienen Bilder der Veranschaulichung von Situationen, Sachverhalten, Wahrnehmungen. In seiner einfachsten Form, dem eigentlichen Bild, handelt es sich um konkrete Wiedergaben der (fiktiven) Wirklichkeit. In seiner komplexen Form verweist es in abstrahierender Weise über sich hinaus auf eine Idee mit allgemeiner Bedeutung. Der Begriff des Marmorbildes in der gleichnamigen Novelle von Joseph von Eichendorff meint demnach nicht nur den Gegenstand an sich, sondern zugleich auch die subjektiven negativen oder positiven Vorstellungen, die mit dem Anblick des Objekts verbunden sind (hier: Faszination durch Frau, Schönheit, Kunst usw.; aber auch: Angst vor dem Unheimlichen, vor dem Verlust der Selbstkontrolle usw.).

➤ S. 10–12

Charakter: Bezeichnung für jede literarische Figur, die sich – im Gegensatz zum Typus – durch unverwechselbare individuelle Eigenschaften auszeichnet.

➤ S. 30, 33, 36

Dialog: Gespräch zwischen zwei oder mehreren Figuren. In *Das Marmorbild* finden sich immer wieder Wiedergaben von Gesprächen.

➤ S. 13, 17, 20

Direkte Rede: unmittelbare, wörtliche Wiedergabe von Aussagen innerhalb der erzählten Handlung. Gegensatz: indirekte Rede.

➤ S. 13, 17, 20

Double: Doppelgänger/in.

➤ S. 7, 19, 39, 70

Entwicklungsroman: handelt von der äußeren und inneren, seelisch-geistigen Reifung eines zumeist jungen Menschen hin zu einem Individuum mit ausgeprägten Persönlichkeitsmerkmalen, die aus Konflikten mit sich selbst und mit der Umwelt heraus geformt werden. Bekannte literarische Textbeispiele sind Wolfram von Eschenbachs *Parzival* (zwischen 1200 und 1210), Johann Wolfgang Goethes *Wilhelm Meisters Lehrjahre* (1795/96), Joseph von Eichendorffs *Aus dem Leben eines Taugenichts* (1826) oder Hermann Hesses *Narziß und Goldmund* (1930). Auch Joanne K. Rowlings *Harry Potter* gilt gattungstypologisch als Entwicklungsroman (in mehreren Bänden).

➤ S. 28

Erzähler/Erzählerin: eine vom ➤ Autor erfundene (und deswegen von ihm zu unterscheidende) Figur, die der Leserin / dem Leser das Geschehen aus ihrer Sicht (➤ Erzählperspektive) vermittelt.

➤ S. 52

Erzählerbericht: geraffte und chronologische Darstellung einer fiktiven Handlung durch den Erzähler. So fasst der Erzähler in *Das Marmorbild* beispielsweise längere Zeiträume durch Formulierungen wie »Nach mancherlei lustigem Gespräch lagerten sich bald alle um den runden Tisch« (S. 6) oder »Mehrere Tage waren seitdem vergangen […]« (S. 35) zusammen.

➤ S. 52

Erzählerkommentar: Eingriff des Erzählers in den Erzählzusammenhang, etwa in der Form von Bewertungen, Einwänden, Urteilen und Reflexionen. Der Erzählerkommentar ist das typische Merkmal von auktorialen ➤ Erzählsituationen wie derjenigen im folgenden Beispiel aus *Das Marmorbild*:

»Es kommt nach allen heftigen Gemütsbewegungen, die unser ganzes Wesen durchschüttern, eine stillklare Heiterkeit über die Seele, gleich wie die Felder nach einem Gewitter frischer grünen und aufatmen.« (S. 48)

➤ S. 52

Erzählhaltung: bezeichnet die Art und Weise, wie der Erzähler die Figuren und Situationen sieht und bewertet (➤ Erzählerkommentar). Er kann darüber beispielsweise humorvoll oder ernst, unkritisch (affirmativ) oder kritisch (distanziert) Auskunft geben und urteilen. In *Das Marmorbild* finden sich nicht viele ausdrückliche subjektive Stellungnahmen wie im folgenden Beispiel am Ende der Novelle: »Mit Wohlgefallen ruhten Florios Blicke auf der lieblichen Gestalt. Eine seltsame Verblendung hatte bisher seine Augen wie mit einem Zaubernebel umfangen.« (S. 48)

Erzählsituation: Der Erzähler kann 1. als souveräner Kenner der Sachverhalte und Figuren einen allgemeinen Wissensvorsprung besitzen und quasi allwissend sein (**auktoriale Erzählsituation**). 2. In sogenannten **personalen Erzählsituationen** hingegen tritt der Erzähler hinter eine oder mehrere der Figuren zurück, aus deren Sicht dann das Geschehen in der Er/Sie-Form erzählt wird. 3. In sogenannten **neutralen Erzählsituationen** enthält sich der Erzähler jeglicher Bewertung des Geschehens und der Figuren.

In *Das Marmorbild* bestimmt vor allem die auktoriale Situation die Wahrnehmung der Figuren und Dinge durch den Leser.

➤ S. 52 f., 97

Erzählte Zeit: Handlungsdauer bzw. Zeitraum, über den sich die erzählte Handlung eines Textes erstreckt. In *Das Marmorbild* umfasst sie den Zeitraum zwischen der abendlichen Ankunft des Helden in der toskanischen Stadt Lucca und dessen morgendlichem Aufbruch nach Mailand nach Ablauf von etwa einer Woche.

Figur: im Text auftretende fiktive Person. Man unterscheidet Haupt- und Nebenfiguren.

➤ S. 11, 24 f.

Held/Heldin: starke Persönlichkeit mit überragenden körperlichen, seelischen und geistigen Eigenschaften. In der Literaturwissenschaft auch allgemeine Bezeichnung für die Hauptperson eines epischen oder dramatischen Werkes. Der Begriff **Antiheld/Antiheldin** beinhaltet ausdrücklich negative Eigenschaften einer Hauptfigur mit ihren menschlichen Schwächen, Widersprüchen und Fehlern.

➤ S. 28

Märchen: epische Textsorte mit einer langen literarischen Tradition, die durch typische Merkmale gekennzeichnet ist. Zu diesen gehören eine fantastisch-wunderbare Handlung, plakative (menschliche, tierische oder pflanzliche) Figuren ohne Individualität, formelhafte Wendungen (›es war einmal‹) und auffällige Farb- (Rotkäppchen) und Zahlensymbole (drei Aufgaben, die gelöst werden müssen).

➤ S. 7, 71 f.

Metonymie: (griech.) ›Setzen eines Namens für einen anderen‹. Im *Marmorbild* heißt Bianka etwa nur »das schöne Fräulein mit dem Blumenkranze«.

➤ S. 38

Motiv: typisches und daher kulturell wiederkehrendes Element, mit dem in Literatur, bildender Kunst, Architektur, Musik und Film Grundsituationen der menschlichen Lebenswelt und Wahrnehmung schematisch verdichtet werden. Aus der sehr großen Zahl von bekannten Motiven lassen sich als stofflich-thematische Beispiele das Motiv der feindlichen Brüder (Kain und Abel, Romulus und Remus) oder dasjenige der Stiefmutter erwähnen. Markante Beispiele aus der Epoche der literarischen Romantik sind unter anderem Raum- und Zeitmotive wie Schloss, Ruine und Nacht, sodann Naturmotive (Mond, Blume, Wald, Nebel usw.) und Motive des Unheimlichen (Hexenhaus, Höhle, Berginneres usw.). Je nach ihrer Häufigkeit und Intensität innerhalb eines Werkes unterscheidet man zwischen Leit- und Neben- oder Randmotiven.

➤ S. 17, 39, 41, 45, 64, 69, 78, 83

Novelle: Neben ihren bekanntesten Festlegungen »als eine sich ereignete unerhörte Begebenheit« (Goethe) und als »Schwester des Dramas« (Storm) nennt die Literaturwissenschaft weitere gattungstypologische Besonderheiten, darunter den überschaubaren Umfang der Handlung mit einem gleichfalls begrenzten Figurenrepertoire. Ein weiteres wichtiges Merkmal ist das Vorhandensein von Dingsymbolen, die in der Form von Gegenständen, Tieren und Pflanzen innere Motivzusammenhänge schaffen. Mit zumeist engem Bezug zur realen Welt erzählt die Novelle von krisenhaften Momenten und Wendepunkten im Leben ihrer Protagonisten.

➤ S. 68–71

Protagonist/Protagonistin: Hauptfigur eines Textes. In *Das Marmorbild* sind Florio und Bianka, aber auch Fortunato und die mysteriöse Venusfigur die zentralen Gestalten der Erzählung.

➤ S. 26, 43

Realismus: Im Verhältnis von Fiktion und Realität definiert der Begriff des Realismus die spezifische Nähe der künstlerischen Darstellung zur Wirklichkeit. Daneben bezeichnet er eine bestimmte Periode der Literaturgeschichte, innerhalb derer die literarischen Texte, aber auch andere Künste wie die Malerei, besonders stark an der möglichst exakten Wiedergabe der historischen, politischen, ökonomischen und sozialen Verhältnisse interessiert waren. Der Zeitraum dieser Literaturepoche erstreckt sich von etwa 1830 bis etwa 1880.

➤ S. 75

Romantik: Die dem ➤ Realismus vorausgehende Periode einer Denk- und Kunstrichtung, innerhalb derer besonders auch in Deutschland in der Zeit etwa zwischen 1790 und 1830 das menschliche Ich und die Natur in den Blickpunkt der allgemein geistigen und speziell der künstlerischen Beschäftigung rückten. Die Welt der Gefühle, des Irrationalen und Geheimnisvollen, des Religiösen und des Mythischen bildete das Zentrum von epischen, dramatischen und lyrischen Texten, in denen Schriftsteller wie Clemens Brentano oder Joseph von Eichendorff unter anderem die Nachtseiten der Existenz (➤ Schauerromantik) und die Erhabenheit der Natur erkundeten und beschrieben.

➤ S. 7, 31, 58, 65 f., 77

Sage: volkstümliche, einfache Erzählung von kurzer Länge, die wie das ➤ Märchen und die Legende Elemente einer ausgeprägt fantastischen Literatur enthält. Zu ihrem Personeninventar gehören daher etwa Götter und Göttinnen, Riesen und Zwerge, Zauberer und Hexen. Anders als Märchen und Legende weisen Sagen aber einen stärkeren Bezug etwa zur geographischen und historischen Wirklichkeit auf. Bekannte Sagentypen sind die mythischen Götter- und Heldensagen (z. B. die Sage um Odysseus aus der Zeit der griechischen Antike), die Mittelalter-Sagen (z. B. die Nibelungen-Sage) und die Natursagen, die an bestimmte Landschaften gebunden sind (z. B. die Loreley am Mittelrhein, Rübezahl im Riesengebirge).

➤ S. 57

Schatten-Ich: Begriff zur Bezeichnung der dunklen Seite einer Seele.

➤ S. 33

Schauerromantik: Neben der idealisierenden Verklärung von Christentum, Mittelalter, Volk, Natur und Gefühlen in idyllischen Bildern der Harmonie beschäftigt sich die Kunst der Romantik zugleich auch mit den furchterregenden und verstörenden Abgründen der menschlichen Seele. Die Schwarze Romantik bzw. Schauerromantik thematisiert ausdrücklich die destruktiven Kehrseiten des Lebens, die den Menschen beispielsweise durch Einsamkeit, Verführung, Wahnsinn und Tod in Grenzsituationen führen.

➤ S. 31, 76

Stoff: hier künstlerischer Sammelbegriff für Geschichten, die seit der Frühzeit des Menschen und bis in die Gegenwart hinein den Kernbestand an traditionellen Erzählstoffen bilden. Berühmte Beispiele – etwa aus dem Alten Testament – sind Adam und Eva, Joseph in Ägypten und Mose.

➤ S. 57 f.